LABORATÓRIO DE ENSINO DE GRAMÁTICA

Coleção Linguagem na Universidade

EDUCAÇÃO LINGUÍSTICA PARA JOVENS E ADULTOS • *Paula Cobucci e Veruska Machado*
ESTÁGIO SUPERVISIONADO DE INGLÊS • *Rosely P. Xavier*
LABORATÓRIO DE ENSINO DE GRAMÁTICA • *Maria Helena de Moura Neves e André V. Lopes Coneglian*
LEITURA E PRODUÇÃO DE TEXTOS • *Juliana de Freitas Dias*
LINGUÍSTICA APLICADA • *Ana Elisa Ribeiro e Carla Viana Coscarelli*

Coordenadores
Kleber Silva e Stella Maris Bortoni-Ricardo

Assistentes de coordenação
Paula Cobucci e Valentina Carvalho Oliveira

Proibida a reprodução total ou parcial em qualquer mídia
sem a autorização escrita da editora.
Os infratores estão sujeitos às penas da lei.

Os autores são responsáveis pelo conteúdo dos livros de sua autoria,
incluindo fatos narrados e juízos emitidos.

Consulte nosso catálogo completo e últimos lançamentos em **www.editoracontexto.com.br**.

LABORATÓRIO DE ENSINO DE GRAMÁTICA

Maria Helena de Moura Neves
André V. Lopes Coneglian

Copyright © 2023 André V. Lopes Coneglian
Lúcia Helena de Moura Neves
Luís Roberto de Moura Neves

Todos os direitos desta edição reservados à
Editora Contexto (Editora Pinsky Ltda.)

Montagem de capa e diagramação
Gustavo S. Vilas Boas

Preparação de textos
Lilian Aquino

Revisão
Daniela Marini Iwamoto

Dados Internacionais de Catalogação na Publicação (CIP)

Neves, Maria Helena de Moura
Laboratório de ensino de gramática /
Maria Helena de Moura Neves, André V. Lopes Coneglian ;
coordenação de Kleber Silva, Stella Maris Bortoni-Ricardo. –
1. ed., 1ª reimpressão. – São Paulo : Contexto, 2023.
160 p. (Coleção Linguagem na Universidade)

Bibliografia
ISBN 978-65-5541-272-7

1. Língua portuguesa – Gramática – Métodos de ensino
I. Título II. Coneglian, André V. Lopes III. Silva, Kleber
IV. Bortoni-Ricardo, Stella Maris V. Série

23-2516   CDD 469.07

Angélica Ilacqua – Bibliotecária – CRB-8/7057

Índice para catálogo sistemático:
1. Métodos de ensino – Gramática

2023

Editora Contexto
Diretor editorial: *Jaime Pinsky*

Rua Dr. José Elias, 520 – Alto da Lapa
05083-030 – São Paulo – SP
PABX: (11) 3832 5838
contato@editoracontexto.com.br
www.editoracontexto.com.br

Sumário

Apresentação 7

PARTE 1
MONTANDO O LABORATÓRIO:
OS TEMAS, AS CATEGORIAS E O OBJETO DE ESTUDO

A proposta geral, as bases teóricas, o objeto de estudo,
os temas e seu tratamento, os objetivos 15

Uma avaliação do tema "gramática": como objeto
de estudo linguístico e como matéria de ensino escolar 39

PARTE 2
OPERANDO NO LABORATÓRIO:
OS PROCESSOS BÁSICOS DE CONSTITUIÇÃO
DO ENUNCIADO

O processo de predicar em linguagem 69

O processo de referenciar em linguagem 95

O processo de conectar em linguagem 117

Glossário 137

Bibliografia comentada 147

Obras do corpus 151

Os autores 155

Apresentação

Falar de ensino de gramática é tarefa difícil, se o que se espera é sair do lugar-comum de fazer críticas repetidas sobre o assunto. Mais difícil ainda é a tarefa de apresentar e de operacionalizar uma proposta de ensino de gramática que se configure em um processo de apreensão reflexiva do real funcionamento da linguagem nessa língua que está em uso. É o que se pretende com este livro: chegar a uma proposta de ensino de gramática que faça o estudante perceber, em primeiro lugar, que sua língua é plural e variada, e, em segundo lugar, que a gramática de uma língua natural lhe permite não só construir e verbalizar suas experiências e seus desejos, mas principalmente – e até por meio dessa verbalização – agir sobre os outros e sobre o próprio mundo. O tema central deste livro, afinal, é a **linguagem**, isto é, a língua em função. Com as lições que se oferecem aqui, que, de modo algum se pretendem exaustivas em abrangência ou profundidade, espera-se avançar na ideia de que refletir sobre as regularidades da língua, assim como sobre as diferenças e as mudanças que se operam nas formas e nos usos linguísticos, representa captar o mecanismo gramatical da língua, que produz os significados e obtém os efeitos, na linguagem.

Os fundamentos teóricos que sustentam as propostas que aqui se fazem estão lançados no funcionalismo linguístico, que, em linhas muitos gerais, traz o entendimento de que: (a) a gramática de uma língua natural verifica-se efetivamente em instâncias particulares de uso da linguagem, isto é, em todas as atividades humanas de que a linguagem é parte constitutiva e indispensável; (b) o texto é a maior unidade de funcionamento da linguagem e é o produto da interação entre os interlocutores; (c) e, portanto, ver a gramática em funcionamento significa direcionar a atenção para os significados e os efeitos comunicativos que os itens linguísticos obtêm no fazer discursivo-textual.

Do ponto de vista teórico, a proposta deste livro vai na direção de um ensino de gramática que não se fundamenta em categorias já estabelecidas (sejam classes de palavras, sejam funções sintáticas), como geralmente se faz em manuais didáticos gerais, mas que se fundamenta, sim, dos processos básicos de constituição do enunciado, como estes, que são os de partida: a **predicação**, a **referenciação** e a **junção**. É neles que se resolvem as peças de uma língua em função e é por meio deles que se pode chegar a uma verdadeira interface entre forma (morfossintaxe) e função (semântica e pragmática) das expressões linguísticas. Essa base vem teoricamente explicitada nos dois primeiros capítulos deste livro, os quais constituem a Parte 1 ("Montando o laboratório: os temas, as categorias e o objeto de estudo").

No primeiro capítulo, introduzimos, de início, a noção central de que 'falar' – 'saber falar' – uma língua representa, em primeiro lugar, ter o domínio do sistema de regras que a configuram. É por aí que delimitamos as demais noções relevantes para se pensar o sistema de regras da língua, como as noções de **sintagma** e **paradigma**, de **escolha,** de **variação** e **variedade**. Assentadas essas bases, no segundo capítulo procedemos a uma avaliação do tema "gramática" como disciplina escolar, já na direção de mostrar que, se a gramática de uma língua natural se resolve no "fazer" discursivo-textual, isto é, nas atividades de uso da linguagem. Disso decorre que o ensino escolar da gramática tem de ser centrado no texto, e a condução das reflexões deve partir do exame dos processos básicos de constituição do enunciado.

Os três capítulos da Parte 2 ("Operando no laboratório: os processos básicos de constituição do significado") apresentam um a um esses processos básicos, oferecendo caracterizações gerais, trazendo conceituações funcionais (de base semântica e pragmática, além de sintática), por aí conduzindo às categorias gramaticais implicadas. Cada capítulo da segunda parte inicia-se com um "mote" teórico, o qual serve de base para toda a explicitação que se faz.

O capítulo "O processo de predicar em linguagem" apresenta o processo básico da **predicação** e suas propriedades sintáticas, semânticas e pragmáticas, em interface. No que diz respeito à interface sintaxe-semântica, o ponto de partida são as classes semânticas dos verbos e as estruturas argumentais que os verbos acionam no uso. Quanto à interface sintaxe-pragmática, a discussão concentra-se na distribuição da informação no enunciado, especificamente a relação tema-comentário. O capítulo "O processo de referenciar em linguagem" trata o processo de **referenciação** e tem como ponto inicial das reflexões a relação que esse processo estabelece com a predicação. Por aí, discutem-se a questão de acessibilidade e interpretabilidade de objetos de discurso (os referentes instituídos no texto), a criação de uma rede referencial textual, os modos gramaticais de construção de referentes, bem como a categorização e a recategorização dos objetos de discurso. O capítulo "O processo de conectar em linguagem" centra-se na **(con)junção** como um processo textual coesivo que abrange diversas relações semânticas. Em termos de organização gramatical, mostramos que a junção textual se resolve ou em relações "lado a lado" (a parataxe) ou em relações de dominação (a hipotaxe) e que as categorias tradicionais de coordenação e de subordinação adverbial funcionam nesses dois tipos de relação.

Na direção de chegar à efetiva operacionalização, isto é, na tentativa de fazer o leitor "pôr a mão na massa", cada capítulo se encerra com um conjunto de atividades que se destina a fazê-lo refletir sobre os temas discutidos ao longo de cada capítulo e, assim, avançar no seu entendimento de linguagem e de gramática. As atividades que aparecem a partir do segundo capítulo organizam-se em duas partes: na primeira, as atividades são de reflexão e de análise, no sentido de exercitar o conteúdo desenvolvido ao longo do capítulo; na segunda, oferecem-se propostas de atividades para aplicação nas turmas da educação básica. No primeiro capítulo, cuja finalidade é o assentamento de bases teóricas e nocionais, as atividades são apenas de reflexão e de análise, não se fazendo proposição de atividades para aplicação na educação básica. Sobre as atividades direcionadas à aplicação na educação básica, é importante esclarecer que as propostas são sempre contextualizadas, com sugestões de como aplicá-las e de como calibrá-las para os diferentes níveis de ensino.

Todas as atividades de análise e de reflexão avançam em alguma medida o conteúdo trabalhado nos capítulos. Como os leitores perceberão muito prontamente, tanto as atividades de análise e reflexão quanto as atividades destinadas à aplicação no ensino básico tendem a ser um pouco mais extensas do que as atividades que geralmente aparecem em manuais didáticos, justamente porque cada proposta de atividade acaba configurando uma microlição sobre algum assunto específico ligado ao capítulo em questão.

Ao final do livro, após os cinco capítulos centrais, disponibilizamos um glossário com conceituação de termos e exemplificações, e uma lista de bibliografia comentada.

Os leitores notarão que, ao longo da exposição teórica dos capítulos, alguns termos teóricos foram marcados com um asterisco (*) e essa é exatamente a "chamada" para o "Glossário". De um modo geral, a terminologia linguística e gramatical pode ser bastante desorientadora, seja porque os termos não são muito transparentes, em si, seja porque um mesmo termo pode ter diferentes acepções em diferentes teorias ou modelos. Na tentativa de nivelar a questão, o "Glossário" ao final do livro traz conceituações teóricas, de orientação funcionalista.

A "Bibliografia comentada" traz 15 obras consideradas referências relevantes que em alguma medida se ligam aos temas desenvolvidos no livro, sempre convergindo na ideia central de fazer ver a língua em uso. A seção traz uma lista de obras gramaticais e de dicionários do português brasileiro, bem como uma lista de obras teóricas de consulta geral. E, por aí, já podemos insistir no fato de que ensino da gramática da língua tem de sempre dar importância a um material de consulta que seja consistente na exposição e descrição dos fatos gramaticais.

No todo do desenvolvimento das lições e das propostas deste livro, os autores trabalharam conjuntamente, mas há indicações bastante específicas que devem ser feitas em relação a essa autoria compartilhada. A primeira autora, Maria Helena de Moura Neves, foi a responsável pelo equacionamento e pela apresentação da proposta teórica, o que ela já realizou em diversas publicações especializadas sobre o tema. O segundo autor,

André V. Lopes Coneglian, atuante mais diretamente com a formação inicial e continuada de professores, foi o responsável pela concepção das atividades, fazendo-as decorrer das propostas teóricas lançadas. No entanto, o todo do livro foi extensivamente discutido entre os parceiros da autoria.

É importante registrar que o material que se apresenta aqui foi testado com a turma da disciplina Gramática e Texto (com duração de 30 horas/aula), do curso de Especialização Gramática e Ensino (Faculdade de Letras/Universidade Federal de Minas Gerais), ministrada por André V. Lopes Coneglian, nos meses de outubro e novembro de 2022. O público da disciplina é formado majoritariamente de professores atuantes na educação básica em todo território nacional. Os alunos dessa turma leram uma versão do manuscrito do livro na íntegra e proveram *feedback* valioso, o que permitiu que os autores fizessem ajustes e adequações na apresentação do conteúdo e na organização da obra.

Como se disse no início desta "Apresentação", a nossa intenção com este livro é não apenas oferecer as ferramentas (teóricas) necessárias para se trabalhar no Laboratório de Ensino de Gramática, mas também mostrar as várias maneiras práticas de operar com essas ferramentas, por meio de análise de dados reais de uso da língua, nos textos. E, assim, visa-se a garantir que o professor que pisar em sala de aula seja capaz de "pôr a mão na massa" junto com seus alunos, na investigação de uma gramática da língua fundamentada no estudo de textos, produtos reais da interação entre usuários da língua.

Bons estudos!

Maria Helena de Moura Neves
André V. Lopes Coneglian

PARTE 1

MONTANDO O LABORATÓRIO: OS TEMAS, AS CATEGORIAS E O OBJETO DE ESTUDO

A proposta geral, as bases teóricas, o objeto de estudo, os temas e seu tratamento, os objetivos

A PROPOSTA:
O TRATAMENTO DO TEMA "GRAMÁTICA"

O tema **"gramática"** é, com certeza, legítimo **objeto de estudo linguístico** e, então, **Gramática** é legítimo rótulo como matéria de ensino escolar.

Essa proposta vale para todos os níveis de escolarização, a qual tem de ir em graus, que partem da experiência com o próprio **uso da linguagem** que cada usuário faz, desde que começou a balbuciar e a falar, interagindo com quem estava à sua volta, isto é, vivendo em comunidade. Outra experiência muito significativa que o usuário já tem, desde criança, é a de 'falar' da própria língua que ele usa, quando, por exemplo, um menininho diz que o outro disse uma "palavra engraçada" ou que o outro disse um "palavrão".

Isso significa que a criança usa e observa a **linguagem** dentro de um processo absolutamente natural, na sua vivência em comunidade, e significa também que, aos poucos, assim como ele fala das diferentes 'coisas' que o rodeiam, ele também fala da 'linguagem', fazendo aquilo que chamamos de **metalinguagem**. E é de tudo isso que a escola cuida quando põe o aluno em uma sala de aula em que se vai 'estudar' a **gramática** daquela língua que a criança usa, 'falando', 'lendo' e 'escrevendo'.

É muito fácil perceber que 'estudar' a língua é um passo muito importante na vida de qualquer indivíduo. A sala de aula é, de fato, o território em que diversos objetos de estudo ligados à vida do aluno vão ser oferecidos a ele:

a. ele vai receber, por exemplo, noções de higiene, de vida animal, de história do seu país, de sua localização geográfica, e assim por diante;
b. e, necessariamente, ele vai receber noções sobre a própria **língua** que ele fala, a qual, desse modo, também tem de passar a ser vista como objeto de estudo. É assim que, nas nossas escolas, o aluno vai receber 'noções' sobre a **língua portuguesa**, e isso implica que ele vai receber noções sobre a **gramática** que organiza essa língua. E o mais importante é que isso se alarga em noções sobre a própria **linguagem**, outro objeto de estudo a que a escola tem de dedicar-se.

> A atenção para a **linguagem** – ou seja, para a língua 'em função' – é o tema central deste livro.

Em primeiro lugar, então, o professor tem de partir do princípio de que o aluno 'fala' aquela sua língua simplesmente porque vive naquele território e naquela comunidade de fala. Ele a adquiriu muito naturalmente, sem que ninguém o tenha 'ensinado' a 'falar': na sua *língua natural, toda criança, em princípio, tem a capacidade de construir *enunciados (peças de linguagem) que os outros entendam, e, na contraparte, também pode entender enunciados (peças de linguagem) que outros (seu professor e seus companheiros, por exemplo) construam. Insistindo e resumindo: ele sabe falar essa língua simplesmente porque vive em uma comunidade que a usa: ele a adquiriu com **vivência de linguagem** em uma comunidade de língua, pela parceria de uso com outros que também a falam.

Cabe à escola acompanhar o aluno no desenvolvimento de sua capacidade de **linguagem**, como usuário da língua, ao mesmo tempo que cabe à escola acompanhar o aluno no desenvolvimento de sua capacidade de penetrar no **sistema** que governa a sua língua (no nosso caso, a língua portuguesa), o que representa apreender com bom direcionamento as **noções gramaticais** dessa língua.

O FUNDAMENTO TEÓRICO: CONHECER UMA LÍNGUA É DOMINAR O SISTEMA DE REGRAS (GRAMATICAL) DESSA LÍNGUA

E já aqui pode entrar uma noção teórica muito importante, que os professores de língua têm de dominar para bem trabalhar a língua em função, ou seja, a linguagem: é a noção central de que 'falar' uma língua (ou: 'saber' falar uma língua) nada mais representa do que ter o domínio do *sistema de regras que configuram essa língua. Assim, a **gramática** do português é justamente o regramento natural dessa língua no seu uso.

> É exatamente disso que estamos tratando aqui, montando este "laboratório" para chegarmos a um estudo cientificamente embasado da gramática do português.

Assim, o *sistema de uma língua tem um regramento interno, e esse regramento é a sua "gramática". O regramento de um *sistema linguístico é algo já constitutivo do conjunto, nada havendo de imposto ou prescrito: trata-se da rede de relações naturais que, em si, constitui o regramento interno do conjunto. Por exemplo, no *sistema do português, é 'regra' que o artigo se use antes do substantivo que ele determina, e muitas outras línguas têm essa mesma regra interna de funcionamento: em português, dizemos "o livro", e, em outras línguas que conhecemos, diz-se, com a mesma regra: _the book_, _el libro_, _le livre_, _das Buch_, _to biblío_. Entretanto, o *sistema da língua romena, por exemplo, tem outro regramento: em _cartea_ está dito "o livro", com o artigo definido _a_ no final e formando uma só palavra com o substantivo. Outro exemplo, ainda, de diferenças entre *sistemas de língua pode ser dado com o fato de que, no latim, nem existia a classe gramatical que denominamos como "artigo definido". A conclusão é que o usuário de uma *língua natural domina o regramento interno dessa língua, o qual independe de qualquer julgamento ou imposição externa: com certeza, nenhum brasileiro disse (ou ouviu), alguma vez na vida, "livro o", e não precisou que ninguém lhe ensinasse isso.

Um ponto inicial do regramento das diversas língua naturais pode ser considerado a partir das noções de *sintagma e *paradigma, absolutamente dominantes para a visão das construções no funcionamento linguístico, segundo o sistema da língua. Assim, na produção de uma *oração, por exemplo:

a. as peças da construção (uma palavra ou uma construção componente dessa construção maior) se sucedem, entrando cada uma dessas peças com sua função em um determinado ponto da cadeia sequencial do enunciado (cada peça construcional, em um ou em outro nível, é um **sintagma**);
b. e isso se dá segundo a escolha dessas peças (e de seus componentes) que tenha sido processada pelo falante para a construção de sua oração, o que se faz dentro de um **paradigma** que a língua oferece, e ainda se prende à escolha da ordem desses elementos, segundo o sistema da língua.

Acresce que, na consideração de cada sintagma, detecta-se, em princípio, um **núcleo**, já que a construção da linguagem é naturalmente complexa. De acordo com o seu núcleo, o sintagma tem uma classificação categorial: *sintagma nominal (SN), se o núcleo é um substantivo; *sintagma verbal (SV), se o núcleo é um verbo etc.

Quanto à ordem, pode-se observar que a língua portuguesa se classifica dentro do padrão SN+SV, o que não indica obrigatoriedade, apenas maior normalidade e, consequentemente, maior frequência de uso.

Como exemplo da consideração dos enunciados com atenção para a sintagmatização e a paradigmatização (noções fundamentais para a consideração do funcionamento linguístico), tomemos propositadamente uma construção bastante intrincada (não padrão), que é a primeira oração do *Hino Nacional Brasileiro*. Ela apresenta uma ordenação das peças bastante incomum, embora se abrigue no sistema gramatical da língua, já que foi construída por um falante "competente" do português (no caso, o autor da letra do hino, Osório Duque Estrada) e é interpretada por falantes "competentes" dessa língua. Trata-se das noções de "gramaticalidade" e de "competência": fala-se em uma construção "gramatical" e em um falante "competente", porque se trata de uma oração abrigada no sistema da língua.

Ouviram do Ipiranga as margens plácidas
de um povo heroico o brado retumbante [...].

Podemos fazer o exame dessa oração detectando os sintagmas que a compõem em um primeiro recorte de 3 peças funcionais (3 sintagmas), e já observando que há um núcleo a destacar em cada sintagma:

[1º) **Ouviram**] [2º) do Ipiranga as **margens** plácidas]
[3º) de um povo heroico o **brado** retumbante] [...].

Ordenando agora (segundo o padrão do português) cada um desses sintagmas (e o interior deles), teremos a oração

[1º) As **margens** plácidas do Ipiranga] [2º) **ouviram**]
[3º) o **brado** retumbante de um povo heroico] [...].

Se resumida a construção aos núcleos, a oração seria, na ordem padrão, tradicionalmente denominada, por isso mesmo, como "ordem direta":

Margens ouviram brados

Essa visão **sintagmática** é a visão "horizontal" do enunciado, ligada à "concomitância" das peças, na construção. Trata-se de uma relação "e", na qual os termos se interpretam pela relação sintática, ou seja, construcional, que estabelecem entre si, em copresença.

Mas temos de continuar essa análise reflexiva da produção dos enunciados para pôr atenção no fato de que o autor da letra do hino que analisamos fez a construção que fez por opção sua, tanto em relação aos termos escolhidos quanto em relação à montagem construcional deles, por exemplo, a ordenação. Assim, de um lado, ele deixou de usar outros termos disponíveis no *léxico e, de outro lado, ele deixou, por exemplo, de compor outras ordens abrigadas no sistema da língua portuguesa.

Essa é a visão **paradigmática** da construção, ligada à "alternância" das peças, na construção. Trata-se de uma relação "ou", na qual os termos valem não apenas pelo que fica registrado com sua presença, mas ainda pelo que fica representado ou sugerido com a não presença de outras opções possíveis. E tem de ser destacado que a importância dessa noção tem grande peso funcional, porque traz à consideração o fato de que a linguagem se faz segundo "escolhas" funcionalmente motivadas de quem a ativa: há escolha, há opção, em todo o processamento da produção de enunciados, como desenvolve fortemente o funcionalismo do linguista britânico Michael Halliday na sua proposição das metafunções da linguagem.

O OBJETO DE ESTUDO: A "GRAMÁTICA" DA LÍNGUA PORTUGUESA VISTA PELO SEU USO, ESPECIALMENTE NO BRASIL

E é do português como *língua natural de uma comunidade que este livro trata, defendendo que o seu estudo pode e deve ser levado à escola, já indicando que a legitimação de um ensino escolar da língua está em que se parta sempre da língua apreendida na vivência linguística dos usuários, exatamente nos cenários de uso da linguagem (seja a falada, seja a escrita).

Nossa língua de estudo, aqui, é a "língua portuguesa", e já com a observação de que, no caso, não importa o fato de o português do Brasil ser tão notavelmente 'diferente' do português de outros lugares: no suporte científico de nosso estudo, o que está estabelecido é que, em todas essas falas, há um mesmo *sistema gramatical, uma mesma "gramática" em função, regendo as estruturas que se montam.

> Assim, o "tema" de que vamos tratar neste livro é a **gramática da língua portuguesa**, que tem sua importância diretamente ligada com a vivência natural dos falantes que interagem ativando esse sistema, e, por isso mesmo, o que se vai levar em conta são, especialmente, os usos no Brasil.
> Mas, também – com professores percorrendo este livro –, vamos tratar aqui da Gramática como "matéria" de estudo e de ensino (com maiúscula inicial, como "rótulo" de estudo, no programa escolar).

O importante é que esse estudo nunca pode desprender-se da "gramática" (com minúscula inicial), aquele mecanismo responsável por todas as "falas" de quem usa a linguagem, seja oralmente, seja na escrita.

E é nesse sentido que tentamos montar, aqui, um "laboratório" de trabalho.

Uma primeira questão, no balizamento do estudo de língua, prende-se à noção de "variação" linguística, e, consequentemente, à de mudança, já que ambas representam processos constitutivos do uso da língua. As línguas naturais são organismos vivos da convivência humana, e seu falante decide, em cada situação, qual expressão dará a seu ato de fala. A noção de "variação" faz ver que, na troca de linguagem em sociedades humanas, há sempre disponível uma multiplicidade de arranjos que permitem dizer-se tudo aquilo que tem de ser dito e do modo como tem de ser dito naquela determinada situação (levados em conta, especialmente, os propósitos de cada ato de fala).

Nessa questão, novamente se vai à noção funcional de "escolha", no processamento da produção linguística por um falante – essencial, na proposta funcionalista hallidayiana –, o que não necessariamente se prende a ações conscientes, pelo contrário, ocorre naturalmente, como parte da busca de consecução eficiente do propósito que moveu o ato de fala. Assim, a variação se prende à situação de discurso, em seu lugar, em sua hora, e instalado naquele núcleo compartilhado de vivência humana.

No caso de muitas línguas – e no caso da nossa língua portuguesa –, temos de falar da produção de linguagem em diferentes sociedades políticas e em diferentes continentes, o que já impõe o desenvolvimento de modos muito próprios de construir linguagem. Por aí se vai às "variedades" de língua que podemos chamar de "português europeu" e "português brasileiro", referentes a uma variação bastante caracterizada das normas de uso, ou seja, dos usos "normais" (usos correntes), em uma e em outra sociedade. Aqui está simplificada a questão, com base no fato de que, na quase totalidade dos casos, o português que se fala em tantas outras partes do mundo (de diferentes continentes) constitui, por razões históricas, variedade do "português europeu". E acentue-se que, no caso, tratando-se de uma diferença de ancoragem territorial que tem âmbito continental, não poderia deixar de haver marcas diferenciais muito fortes em cada um dos nichos de uso.

Historicamente, o que houve foi que, como colônia que fomos, tivemos aqui transposta a língua do colonizador, naturalmente considerada mais legítima e revestida de mais prestígio, o que tem levado a que muitos julguem, até hoje, que o português de Portugal, menos modificado historicamente, seja, por isso, mais legítimo ou mais "correto". Entretanto, a única maneira de estudar a questão é por via da noção de que existem duas grandes "variedades" (variações) de uso de uma língua, regradas, pois, pelo mesmo sistema de língua, denominada "português". Também tem de ser lembrado que essas comunidades já abrigam, no seu próprio interior, variedades bastante detectáveis, o que é natural nas línguas, não sendo, entretanto, o foco, no momento.

Além do condicionamento histórico da questão, as condições socioculturais de cada um dos territórios de fala do português vão conduzindo alterações nos usos linguísticos, o que chega a alterar os tipos de distinção que se estabelecem entre cada uma das modalidades, assim como altera a própria avaliação dos falantes sobre as variantes que entram no uso. Em pesquisa preparada para apresentação no V Simelp – Simpósio Mundial de Estudos da Língua Portuguesa, realizado em Lecce, Itália, em 2015, foram submetidas a pesquisadores da língua portuguesa (professores universitários), portugueses e brasileiros, 30 frases bastante correntes no Brasil, mas sabidamente não correntes em Portugal, para que eles avaliassem esses usos quanto à "aceitação" (e também quanto à "correção", mas o que interessa aqui é apenas a "aceitação"). O objetivo era verificar o grau de aproximação (ou de distanciamento) dessas aceitações nos dois "territórios". Alguns exemplos dos resultados podem ser interessantes:

Como se esperava, houve grande discrepância, entre os dois grupos, quanto à aceitação das frases que se pudessem ter como "de uso geral" na língua:

a. Apenas uma frase teve 100% de avaliação positiva, nesse quesito em ambos os grupos, podendo-se observar que ela também foi aprovada por 100% dos consultados, quanto a ser "correta" (o que, no caso, corresponde ao que está prescrito em todas as lições gramaticais tradicionais):

*Moro **na** Rua Aurora.*

b. Apenas duas frases foram consideradas como fortemente de uso geral pelos portugueses:

Quantos bois não sacrificara!
São coisas boas para se fazerem.

c. Os casos de uma aproximação relevante, no julgamento dos dois grupos de analistas também são, no geral, poucos:

   c1. apenas três frases foram fortemente consideradas pelos dois grupos como de "uso geral", e sempre com os brasileiros registrando porcentual maior de aceitação:

*São coisas boas para **se fazer**.*
*Não se preocupe, **a gente** já volta.*
*São coisas boas para **fazer**.*

   c2. apenas uma frase teve porcentagem baixa próxima, nos dois grupos:

*Essa é a moça **que** falei ontem.*

d. Sete frases foram fortemente consideradas como de uso geral pelos brasileiros (com 100% de aceitação, nas duas primeiras), e isso faz sentido, dado o fato de as frases em análise já terem sido propostas a partir de usos correntes no Brasil (embora já se tratasse, em muitos dos casos, de usos não amplamente abonados):

*Essa roupa não está **mais** na moda.*
*A porta **abriu**.*
*Comprei a blusa e **usei**.*
*Ela levou o filho **no** médico.*
*Sempre deixo **ele** brincar no parque.*
*Você **me** ama e eu **te** amo.*
*Cheguei **em** casa cedo.*

e. No inverso, apenas quatro frases foram consideradas como de uso geral mais pelos portugueses do que pelos brasileiros, e nenhuma delas está na lista dessas últimas sete mais abonadas pelos brasileiros:

Veja-se as respostas.
*Sei **não** se ele vem.* (Os brasileiros consideraram essa, em geral, como "regional".)
*Quantos bois **não** sacrificara!*
*São coisas boas para **se fazerem**.*

f. Entre os brasileiros há quatro frases que têm unanimidade como de "uso geral' (e também foram tidas como "corretas" por todos os analistas, paralelamente):

*Essa roupa não está **mais** na moda.*
*Ela pode **se tornar** uma artista.*
*A porta **abriu**.*
*São coisas boas para **se fazer**.*

g. Na outra ponta desse julgamento sobre um "uso geral", apenas duas frases são totalmente rejeitadas pelos informantes brasileiros, devendo-se observar que são, mesmo, construções bem distanciadas da norma padrão:

*Tu não **sabe** de nada.*
***Ninguém não** foi com eles.*

h. Por outro lado, a rejeição como "de uso geral" dos informantes portugueses atingiu sete frases, essas mesmas duas e mais outras cinco:

*Lá **vende** de tudo.*
*Piso de granito não **encera**.*
*Esse modelo não **usa** na praia.*
*Quando viajei **aproveitei passear**.*
*Essa é a moça **que** falei **dela** ontem.*

O que de mais importante essa pesquisa revelou foi que a variação linguística, dentro de uma língua, nada mais representa do que a multiplicidade de modos de expressão que cada sistema oferece aos falantes para escolha, nos diferentes contextos, no sentido de prover adequação e expressividade. Assim, a multiplicidade dos usos, bem como a multiplicidade de como avaliá-los, faz parte da vida da língua, e só põe em relevo o fato de que a definição de cada uma das línguas tem assento na definição de um determinado sistema gramatical.

TEMAS A TRATAR: A GRAMÁTICA COMO "NOÇÃO LINGUÍSTICA" E A GRAMÁTICA COMO "MATÉRIA DE PROGRAMA ESCOLAR"

Assim, falando diretamente a professores e a alunos, vamos começar colocando no foco a **gramática** como noção linguística a ser trabalhada e a **Gramática** como matéria de programa, a qual, de fato, nunca falta no planejamento dos currículos escolares, em toda a história de ensino que temos disponível. O que fica por discutir, porém, é o que realmente se entende nessa proposta: o tópico **Gramática** tem estado presente e tem sido desenvolvido nos planos curriculares, assim como nos livros de apoio, e sempre tem um lugar nas propostas de avaliação, entretanto, o que tal título pode representar, realmente, na formação escolar, é o que está pedindo explicação. E a reflexão que deve ser feita é esta: qual o proveito que se tem observado no desenvolvimento do estudo escolar de **Gramática da Língua Portuguesa**?

Com certeza a atenção para essa disciplina, registradamente presente nos programas escolares e nos planos de aula, em qualquer dos níveis, precisa ter a sua natureza seguramente definida, do mesmo modo que qualquer outra proposta do currículo. Isso só é possível, com certeza, se a escola desenvolver conhecimento científico sobre "língua" e, especialmente, sobre "linguagem" (a língua em função), que é o que realmente nos envolve a todos.

> E a pergunta a ser feita é exatamente esta: a gramática da língua portuguesa está sendo tratada nas escolas a partir da real linguagem, já que, evidentemente, é apenas na língua "em uso" que a gramática de uma língua é ativada e pode ser observada?

Com efeito, ninguém pode defender que a gramática esteja ativada naquelas frases soltas que costumeiramente são entregues aos alunos para análise, assim como naquelas 'definições', praticamente todas sem critério, que são jogadas prontas na primeira linha de cada capítulo que o estudante encontra no livro.

Um exemplo que já pode ser trazido a discussão, aqui, é o trabalho com os **pronomes** que os livros didáticos apresentam. Muito raramente se encontrará um livro didático que não traga o "pronome" definindo-o como a/uma palavra que "acompanha" ou "substitui" o "substantivo"/o "nome". Bastaria esse "substitui" para invalidar tudo que está dito, já que, em linguagem, nada "substitui" nada: cada peça, em linguagem, é algo que fica instaurado naquele ponto do *enunciado, não podendo ser removido e desocupar o lugar. Ou seja: cada palavra que alguém diz fica irremediavelmente dita, porque, para se dizer algo diferente do que já se disse, terá de haver um novo "dizer": resumindo, não existe "substituição" em linguagem. O grave na questão é que, com essa concepção errônea, fica borrada a própria noção do que seja a linguagem, sugerindo-se que ela seja algo que nasce de algum simples joguinho de movimentação de peças. Fica esquecido que, quando se diz algo, o arranjo das peças da linguagem já sai motivado pelos propósitos de quem se expressa: a pessoa quis dizer algo, e ela também pode querer trocar algo dito, mas essa mudança é um acréscimo, o que fica evidente na linguagem falada.

Todos sabemos que assim é a linguagem, porque todos a vivemos, mas é obrigação da escola acompanhar o aluno na sua construção da real noção do que seja o uso linguístico. É a partir daí que a escola vai acompanhar o aluno na sua construção da noção de **língua** e, particularmente, das noções que regram o sistema da língua, aquela língua que professor e alunos (já) "falam", mas que o aluno veio "estudar" com seu professor.

MODO DE TRATAMENTO DA QUESTÃO: LEVAR PARA A SALA DE AULA O ESTUDO DA "LÍNGUA EM USO" (A LINGUAGEM, EM LÍNGUA PORTUGUESA, ESPECIALMENTE DO BRASIL)

Podemos começar questionando por onde, de fato, se pode ir buscar essa noção do que tem significado trabalhar a **gramática** da língua em sala de aula. Poderíamos pensar, a princípio, que seria pelos documentos oficiais reguladores; mas eles ficam muito distantes da prática efetiva, e, na verdade, são os livros didáticos que nos dão a real demonstração do que ocorre no trato com a matéria, porque eles são aquilo que, de fato, chega às mãos dos alunos. E, se formos partir de um exame do material em uso, o que podemos ver, já de partida, é uma incompreensível atenção central para a rotulação das "categorias" nas quais se distribuem as peças da língua: o que se encontra é aquele verdadeiro catálogo em que estão "substantivo", "pronome", "sujeito", "objeto direto", "oração coordenada", "período simples" etc. Facilmente se vê que, tanto nos objetivos quanto no próprio objeto de estudo, a atenção fica centrada no estabelecimento ou na identificação das chamadas "classes de palavras", ou dos "tipos de orações", ou, ainda, de outros tipos de "categorias". E isso se repete ano a ano, ficando praticamente assentado que a tal questão se reduziria à ciência da linguagem.

A total incongruência está no fato de que, em qualquer ramo de conhecimento, o estabelecimento das categorias (e especialmente da definição dessas categorias) constitui o último grau de conhecimento científico a que se pode chegar, porque isso representa ter disponível a definição das propriedades de cada uma delas dentro de seu sistema (e subsistemas). Com certeza, a base tem de ser, pelo contrário, a experiência do aluno com a língua em função, e, assim, com aquilo que ele pode captar, reflexivamente, nos usos, na linguagem. É só pela reflexão sobre os usos (forma e produção de sentido) que o estudante pode ser levado a acompanhar o processamento das peças linguísticas que, construindo textos, produzem os sentidos e os efeitos, que é o que vale em linguagem.

> Obviamente não é desprezível a chegada às entidades categoriais – as classes – que são abstrações, mas isso só se processa em um grau elevado de um conhecimento que se construa passo a passo e sobre base reflexiva.

E é para chegar ao 'sistema' da língua, mas pela vivência dessa língua e pela reflexão sobre ela, que a escola deve preparar seus alunos.

OBJETIVO:
CHEGAR-SE, NA ESCOLA, A UM DIRECIONAMENTO QUE PERMITA TRABALHAR OS ENUNCIADOS DA LÍNGUA SEGUNDO OS PROCESSOS BÁSICOS DE SUA ORGANIZAÇÃO

Espera-se, pois, que a escola ofereça um direcionamento da lida com o objeto de estudo "gramática da língua portuguesa" que permita aos estudantes entender que a constituição dos **enunciados** da língua se faz segundo a ativação de processamentos no uso, mas já previstos e organizados no "sistema" dessa língua. Entretanto, é pela atenção a esses "processos" naturalmente ativados na produção de linguagem que se pode chegar a uma visão real da "gramática" de uma determinada língua, com as "regras" de cada sistema linguístico.

Exemplifique-se com aquele processo que podemos apontar como o básico, na constituição do enunciado, que é a *predicação (capítulo "O processo de predicar em linguagem"): na verdade, **falar** é, na essência, dizer algo sobre algo ou alguém, e isso é "predicar". Nada mais do que isto, no geral: alguém toma um **tema** do qual tem **algo** a dizer (comentar) e, quando esse alguém "diz" aquilo que tem a dizer sobre seu tema, constrói uma predicação, ou seja, atribui um *predicado (no qual, em princípio, estará um verbo) a esse *tema. Ou seja, é atribuindo-se um predicado a um tema que ele constrói uma predicação, configurando-se, então, o processo básico de constituição dos enunciados.

Esse é o caminho legítimo de chegar-se à captação do que significa, realmente, falar em "regras" de uma "gramática": as "regras" determinadas pelo sistema de uma língua não são nada impostas, são, simplesmente, uma contraparte do "sistema" que sustenta o funcionamento da linguagem nessa língua.

> Afinal, é apenas o trato direto e reflexivo com os usos reais, na linguagem, que permite chegar-se a uma visão efetiva da "linguagem de palavras" humana, regrada em um sistema.

A atenção vai ao fato de que as tão comentadas "prescrições" sobre o que se considera "bom uso" ou "mau uso" da língua são legítimas, sim, já que a língua é um instrumento social por excelência, e nessa área há preceitos. De todo modo, essa constitui uma questão político-social, não propriamente linguística. Por exemplo, somente por um deslize de edição uma manchete de jornal traria uma construção como "As notícias correu", porque haveria desqualificação bombástica de um jornal que "desobedecesse" às regras normativas de concordância, tão pregadas. No entanto em um jornal de primeira linha de uma capital do Brasil está a manchete "Câmara aprova lei que **modera improbidade**", construção que, em princípio, não haveria de causar impacto, porque não rompeu nenhuma prescrição amplamente apregoada nos manuais normativos; entretanto, a predicação está disfuncionalmente construída, porque a **improbidade**, que é uma "qualidade negativa" de alguém, não pode, obviamente, ser "moderada" por uma **lei**: o que a lei pode moderar é a punição que se dará a quem seja acusado de improbidade. A leitura interpretativa da manchete está prejudicada, mas ela está no jornal tranquilamente mantida porque não afronta nenhuma regra corrente de correto ou incorreto. Ou seja, trata-se de uma construção feita fora da "regra", sim, mas de uma regra interna à própria língua, e, então, ela não impacta "socialmente" porque não está prescritivamente indexada entre os "erros" que devem ser evitados.

ATIVIDADES

Ao longo deste primeiro capítulo, assentamos a proposta geral e as bases teóricas sobre as quais se construem os pilares da reflexão gramatical centrada no uso da linguagem, com vistas à preparação e à condução de lições gramaticais escolares.

A partir daí, estabelecemos como objeto de estudo a gramática da língua em uso, assentando os principais temas que ensejam uma investigação segura desse objeto e propondo procedimentos metodológicos compatíveis com esse tipo de investigação gramatical, sempre tendo em mente que o objetivo desta obra envolve o estudo escolar da Gramática. Ao final deste capítulo, as atividades que oferecemos vão na direção de fazer refletir sobre o que temos discutido até aqui.

Atividade 1

Nós abrimos o capítulo afirmando que o tema "gramática" é um legítimo objeto de estudo da ciência linguística e, então, é também um legítimo objeto de estudo escolar. Com essa afirmação, deixamos implicado que o estudo escolar de qualquer disciplina, neste caso, a Gramática, tem de ser, em alguma medida, ancorado e conduzido cientificamente, para que a prática de ensino seja consistente tanto na sua metodologia quanto no conteúdo passado aos alunos.

Uma parte fundamental na construção científica de um conhecimento sobre "gramática" e sobre "linguagem" passa pelo modo como esses temas são concebidos. Obviamente, cada teoria apresenta uma concepção muito particular e específica do que se entende por "gramática" e por "linguagem".

Neste capítulo, desenvolvemos uma concepção muito particular de "gramática" e de "linguagem", segundo uma visão funcionalista que, como defendemos, pode muito bem chancelar o ensino escolar da gramática pelo uso da língua.

Volte ao texto deste capítulo e tente redigir algumas indicações sobre o que pode representar de ganho para o estudante o fato de seu estudo gramatical ser fundamentado nos usos reais da língua. E consultando as obras indicadas na seção "Bibliografia comentada" ao final deste livro, busque pela concepção de "gramática" considerada funcionalmente. Busque indicar questões nas quais elas se aproximam e se distanciam da concepção que apresentamos aqui.

> **Indicação geral**: é importante desenvolver a prática de ler textos acadêmicos e tentar buscar a concepção dos termos e as noções importantes que estão na base da exposição de um determinado conhecimento. Principalmente porque, na história dos manuais de Gramática, a terminologia nem sempre é consistente, como se disse na "Apresentação" deste livro, e sendo necessário que o estudante adote a prática de leitura de textos teóricos.

Atividade 2

Um importante aliado do professor e do aluno de Língua Portuguesa são os manuais de gramática. No entanto, os manuais didáticos, livros aos quais professores têm fácil acesso, raramente são uma fonte segura de consulta (como se discute no capítulo "Uma avaliação do tema "gramática": como objeto de estudo linguístico e como matéria de ensino escolar"), e as obras da tradição gramatical, em geral, são preteridas e sua importância, minimizada. Isso se dá pois, ao longo de muito tempo, a gramática tradicional tem sido alvo de injustas críticas, em geral porque se desconhecem sua natureza e seu objetivo.

Para esta atividade, vamos escrutinar as várias noções com que o termo "gramática" tem sido usado nos estudos da linguagem e, então, examinar o que diz uma obra bastante representativa da tradição gramatical.

Primeiramente, consulte o capítulo "A natureza da disciplina gramatical – uma visão histórica", do livro *Que gramática estudar na escola?*, de Maria Helena de Moura Neves (veja-se a "Bibliografia Comentada"). Nesse capítulo, a autora faz uma distinção entre as noções de "gramática tradicional" e "gramática normativa/prescritiva", que muito frequentemente se confundem. A clareza de que essas noções não se confundem é indispensável para a boa atuação docente. Leia o referido capítulo e busque levantar os pontos caracterizadores da "gramática tradicional" e da "gramática normativa", identificando possíveis fontes de confusão desses dois termos e fazendo uma apreciação, como faz a autora, do lugar que o uso linguístico pode ter na condução das reflexões gramaticais.

Tendo realizado essa primeira tarefa, concentre-se, agora, na caracterização que faz Antenor Nascentes, um importante gramático e filólogo brasileiro, sobre a gramática, em sua obra *O idioma nacional*.

Gramática

O conjunto de regras de linguagem, deduzidas do falar das classes cultas, constitui o que se chama a gramática.

O gramático observa os fatos da língua e depois deduz as regras. Não inventa regras a que os fatos se devam subordinar: pelo contrário, ele é que se submete aos fatos. [...].

NASCENTES, Antenor. *O idioma nacional*. 2. ed. São Paulo: Companhia Editora Nacional, 1941, p. 16.

Com base nesses dois curtos parágrafos, responda:

a. De que forma Nascentes define a gramática da língua?
b. Para o autor, qual o fato linguístico que deve servir de base para a dedução de regras do funcionamento da gramática?
c. Qual o método que deve seguir o gramático para a descrição das regras gramaticais?
d. Na visão do gramático, as regras antecedem aos fatos ou o contrário? Explique.

A resposta a essas quatro questões apresentadas fazem perceber a delimitação de uma concepção de gramática (questão A), de um objeto de análise (questão B), de um método (questões C e D).

O caso ilustrativo da gramática de Antenor Nascentes nos revela que as obras da tradição gramatical, independentemente das limitações que possam apresentar, têm um encaminhamento muito bem direcionado para a lida com a gramática da língua. Como professores (em formação inicial ou continuada), devemos sempre ter em mente que uma delimitação precisa das noções, do objeto e do método são fundamentais para um bom trabalho escolar com a gramática da língua.

Atividade 3

O fundamento teórico que propusemos neste capítulo (particularmente na seção "O fundamento teórico: conhecer uma língua é dominar o sistema de regras (gramatical) dessa língua") diz respeito ao fato de que conhecer uma língua é dominar o seu sistema de regras gramaticais. E, a partir daí, mostramos que isso significa, muito praticamente, ir ao modo de organização desse sistema pelas relações **paradigmáticas** e **sintagmáticas**, ou seja, considerando-se, continuamente, tanto nas escolhas das diversas peças do enunciado quanto o modo como as peças se combinam, nas construções.

Vejamos o trecho inicial de uma reportagem publicada na edição eletrônica do jornal *O Estado de S. Paulo*, em 30 de junho de 2020, sobre a superlotação de hospitais nos meses iniciais da pandemia de covid-19.

São Paulo já transfere pacientes do interior do Estado para a capital

Pacientes de **covid-19** que precisam de internação no interior do Estado já têm sido transferidos para hospitais da cidade de São Paulo, que vive uma estabilização do número de novos casos, em uma inversão da situação que ocorreu ao longo do mês de maio. [...]

Fonte: RIBEIRO, B.; TOMAZELA, J. M. *O Estado de S. Paulo,* 30 de junho de 2020. Disponível em: https://saude.estadao.com.br/noticias/geral,sao-paulo-ja-transfere-pacientes-do-interior-do-estado-para-a-capital,70003348977. Acesso em: 21 de junho de 2021.

Comecemos notando que o título da reportagem vem construído na forma de uma sentença na voz ativa, enquanto o parágrafo inicial da reportagem vem construído na forma de uma sentença na voz passiva. O interessante é que tanto o título quanto o parágrafo inicial trazem, de um modo geral, o mesmo conteúdo semântico, mas o arranjo sintático das peças é absolutamente diferente e, portanto, os efeitos de sentido textuais que se obtêm dos diferentes modos de construir a informação no enunciado são também diferentes.

Podemos dizer que a estrutura de voz ativa e a estrutura de voz passiva são alternativas paradigmáticas uma da outra, porque se o falante está excluindo (não escolhendo) a voz passiva, ele automaticamente constrói seu enunciado na voz ativa, e vice-versa. Assim, como vemos nessa reportagem, o escritor escolheu usar muito pertinentemente cada uma dessas duas formas para construir trechos diferentes de seu texto. Facilmente se percebe a pertinência da voz ativa na manchete e a pertinência da voz passiva no interior da notícia.

Assim, procure explicitar essa pertinência, a partir do que um leitor espera da leitura de cada um destes gêneros: a "manchete" e o "corpo da notícia". Ou seja, mostre como a formulação da manchete na voz ativa e a do parágrafo inicial na voz passiva fazem uma boa condução do todo.

Atividade 4

Um ponto muito significativo que abordamos ao longo do capítulo tem a ver com a "prescrição" do "bom" uso da linguagem. Como discutimos, a prescrição tem a ver com a face social da linguagem, e não necessariamente com o sistema linguístico em si.

É certo que a escola deveria ser o espaço ideal para promover reflexão sobre a legitimidade das prescrições gramaticais e a pertinência de segui-las ou não. Mas esse certamente não deve ser o objetivo geral das aulas de Língua Portuguesa. Antes, a atenção deve-se voltar para o funcionamento da linguagem, fazendo os alunos perceberem que mais grave que a violação de alguma prescrição gramatical é a construção de peças de linguagem que fogem a regras internas da própria língua.

Em geral essas peças não apresentam problemas sintáticos, que poderiam levar a enunciados agramaticais, por exemplo. O problema é, em via de regra, de natureza semântica, porque se combinam termos que não são semanticamente compatíveis. Veja-se a manchete de uma reportagem publicada na seção de textos em português do jornal *The New York Times*, em maio de 2017.

> Pistas sobre danos causados pelo Zika podem estar equivocadas em casos de gêmeos

Como se vê, não há qualquer problema de natureza normativa ou gramatical com a manchete, mas há um problema na composição semântica.

Identifique-o e tente esboçar uma explicação do porquê há um problema de composição nessa manchete.

A manchete jornalística tem um estatuto próprio de gênero discursivo, ainda que ela sempre faça parte de outros gêneros, como a reportagem e a notícia. Ocorre que o texto de uma manchete deve ser, por si só, suficientemente informativo e coerente, como qualquer texto deve ser. Um dos desafios de se escrever uma manchete é encontrar o equilíbrio entre ser informativo com um número de palavras (ou caracteres) bastante limitado.

A manchete em questão tem 80 caracteres (com espaço). Busque reescrevê-la, de diferentes formas, de modo a resolver o problema semântico da manchete original. Para isso, leia a seguir o trecho inicial da reportagem. (A reportagem na íntegra pode ser acessada pelo link.)

> Na cama ao lado de seu irmão, Ana Vitória da Silva Araújo agia como a bebê de um ano que era. Ela sorria e balbuciava; ela brincava com uma baleia de pelúcia; ela arrancava a chupeta da boca de seu irmão e tirava o paninho de arroto do seu ombro. Seu irmão, João Lucas, parecia não perceber a presença dela. Ele mantinha seus olhos fechados e sua boca fazendo movimentos de sucção. Um comportamento típico de recém-nascido. Porém, João Lucas tem exatamente a mesma idade da Ana Vitória — eles são gêmeos.
> João Lucas nasceu com microcefalia e outros problemas sérios, resultado de sua mãe ter sido picada por um mosquito infectado por Zika durante a gravidez. O vírus que atacou seu cérebro no ventre da mãe aparentemente poupou sua irmã. Os irmãos são um dos nove grupos de gêmeos identificados na crise do vírus Zika no Brasil, e os cientistas esperam que eles possam esclarecer como o vírus funciona em geral e por que inflige danos implacáveis a alguns bebês e a outros não. [...]
>
> Fonte: BELLUCK, Pam; FRANCO, Tania. Disponível em: https://www.nytimes.com/2017/05/05/health/zika-gemeos.html. Acesso em: 26 dez. 2022.

Indicação geral: esse tipo de atividade pode ser facilmente adaptado para turmas da educação básica. O seu valor está exatamente em fazer o aluno perceber que a linguagem, como instrumento social por excelência, tem um funcionamento interno próprio e é esse funcionamento que deve ser a matéria principal de estudo escolar das aulas de gramática. Note-se que, na condução desta atividade, foram mobilizadas as noções de "prescrição", de "uso de linguagem", de "composição semântica" e de "gênero discursivo".

Atividade 5

Na seção "Temas a tratar: a gramática como 'noção linguística' e a gramática como 'matéria de programa escolar'" deste capítulo, procuramos refletir especificamente sobre o que se tem desenvolvido nas aulas escolares de gramática da língua portuguesa, indo diretamente ao tratamento que livros didáticos conferem a categorias e noções gramaticais.

É inegável que o livro didático desempenha um papel fundamental na vida dos professores e dos alunos. É igualmente inegável, no entanto, que a maioria dos livros didáticos que atualmente circulam no país trazem lições equivocadas sobre o tema gramática. Neste capítulo, procuramos mostrar isso indo à categoria dos pronomes pessoais.

Outra categoria que tem recebido tratamento equivocado é a de **substantivo**, termo que frequentemente vem definido como a palavra que designa os seres, reais ou imaginários. Imagine-se explicar a alunos do quinto ano do ensino fundamental o que é uma palavra "designar um ser"! Haja linguística (e filosofia!) para dar conta disso!

Vamos direcionar a nossa atenção para o trecho inicial de um editorial publicado na edição eletrônica do jornal *Folha de S.Paulo*, em 2 de fevereiro de 2013, e já direcionando a atenção aos substantivos do texto, particularmente ao substantivo nuclear do sintagma nominal destacado.

Indignação postiça

Por volta das 13h de ontem, enquanto Renan Calheiros fazia seu discurso como candidato a presidente do Senado, um site completou a coleta de mais de 300 mil assinaturas eletrônicas contra o peemedebista de Alagoas.

O protesto digital resultou inócuo. Pouco depois, Renan Calheiros foi eleito com 56 votos. [...]

Fonte: RODRIGUES, F. *Folha de S.Paulo*, 2 fev. 2013. Disponível em: https://www1.folha.uol.com.br/fsp/opiniao/91772-indignacao-postica.shtml. Acesso em: 2 jun. 2022.

Não há como processar essa noção de que o substantivo "protesto" faz a designação de um ser real ou imaginário. Em primeiro lugar, a noção a ser buscada tem de ser linguística, não filosófica, e a noção linguística básica ligada à categoria "substantivo" é a noção de "referenciação" (questão tratada no capítulo "O processo de referenciar em linguagem"): é com os substantivos que se preenchem as casas dos referentes na predicação. Assim, é necessário ir a uma caracterização mais ligada à funcionalidade textual dos substantivos, como a que está na *Gramática de usos do português* (Neves, 2011: 67 – veja-se "Bibliografia comentada"): "Os substantivos são usados para referir-se às diferentes entidades (coisas, pessoas, fatos etc.) denominando-as".

Com base nessa caracterização, aqui vai uma pergunta: qual o fato já narrado que leva ao substantivo "protesto" no texto? E, a partir daí, comente a formação e o consequente significado do sintagma nominal "o protesto digital", com atenção para a impossibilidade desse sintagma (a atribuição desse adjetivo a esse substantivo) no século XVIII, por exemplo.

Uma avaliação do tema "gramática": como objeto de estudo linguístico e como matéria de ensino escolar

UMA AVALIAÇÃO DA DISCIPLINA GRAMÁTICA COMO ITEM DE CURRÍCULO ESCOLAR QUE CONTEMPLE A LÍNGUA "EM FUNÇÃO". OU SEJA: UMA GRAMÁTICA DA "LÍNGUA" EM "LINGUAGEM"

Como já foi aqui sugerido, para um exame da situação da disciplina Gramática no nosso sistema escolar podemos (e até devemos) partir dos livros didáticos, que são os principais fornecedores de exercícios gramaticais, e, assim, constituem realmente aquilo que vai ser tratado diretamente pelos alunos.

> Já fica indicada, aqui, a importância que esta obra vai dar ao modo de exercitação gramatical que a escola ofereça a seus alunos nas aulas de Língua Portuguesa.

E a questão é que, nos manuais didáticos, não encontramos, em geral, nenhuma atenção ao "fazer" da linguagem, em si. Lembre-se que esses livros abrigam sempre textos de leitura que oferecem escolhidas peças de língua escrita; entretanto, na seção dedicada ao estudo gramatical, que geralmente parte desses textos, o que mais se vê são peças de linguagem arrancadas de seu contexto: são palavras avulsamente olhadas, ou no máximo demarcadas dentro de uma *oração, e postas em mira para uma simples catalogação, como se o encontro de um rótulo de classificação representasse real ganho de conhecimento gramatical, representasse uma entrada segura no mundo da "gramática". Seja exemplo o seguinte trecho de exercício de um livro didático de 6ª série, trecho que é oferecido em seguida à apresentação de uma interessantíssima crônica de Lourenço Diaféria intitulada "Já não se fazem pais como antigamente". O que se pede no exercício é o seguinte:

Substitua os termos destacados por pronomes:

Os técnicos chegaram cedo de macacão.
O filho espiava pela fresta da porta.

O que se pretende, claramente, é que o aluno devolva essas duas frases assim modificadas:

Eles chegaram cedo de macacão.
Ele espiava pela fresta da porta.

Ocorre, entretanto, que, no momento em que o aluno resolvesse a questão, ele estaria, ao mesmo tempo, mutilando o texto, porque, até então, nessa crônica só tinham sido narrados os seguintes fatos: uma grande caixa havia sido descarregada em uma residência qualquer; tratava-se de um "equipamento"; "a mãe" do "menino" da casa o havia recebido; no dia seguinte ele seria instalado. E há todo um parágrafo em que a mãe, referindo-se especificamente a "técnicos" e a seu filho (que via a cena espiando "pela fresta da porta" e "tenso"), conta a chegada daquela "caixa fechada" e narra rapidamente a montagem do "boneco" que estava nela:

Os técnicos chegaram cedo, de macacão. Eram dois. Desparafusaram as madeiras, juntaram as peças brilhantes umas às outras, em meia hora instalaram o boneco, que não era maior do que um homem de mediana estatura. O filho espiava pela fresta da porta, tenso.

A questão é que, se essas duas "substituições" do sintagma nominal por pronome pessoal pedidas no exercício forem operadas, o texto se tornará totalmente não interpretável, dada a inconveniência da substituição dos sintagmas nominais "os técnicos" e "o filho" por referentes pronominais (**eles** e **ele**, respectivamente):

> Eles chegaram cedo, de macacão. Eram dois. Desparafusaram as madeiras, juntaram as peças brilhantes umas às outras, em meia hora instalaram o boneco, que não era maior do que um homem de mediana estatura. Ele espiava pela fresta da porta, tenso.

Nesse ponto do trecho, pois, não haveria, como saber-se, com o **eles**, quais pessoas seriam essas que "chegaram cedo", já que são apenas os substantivos (nos seus *sintagmas nominais) que trazem ao texto alguma "descrição" do referente: como são peças do léxico (e não peças apenas gramaticais), os substantivos têm uma contraparte de significado (uma contraparte semântica, nocional, até descritiva). Um pronome pessoal, por sua vez, faz apenas a "referenciação" a pontos do texto ou da situação, uma operação apenas gramatical. Assim, o pronome eles, aí onde está, apenas indica tratar-se de mais de um indivíduo, porque a indicação de "número" gramatical é "plural", e trata-se de indivíduos do "gênero" gramatical "masculino"; do mesmo modo, o pronome **ele**, mais adiante, indica também o "gênero" gramatical ("masculino") e indica o "número" gramatical ("singular"). Desse modo, pronomes pessoais não são convenientes, nesse ponto do texto, já que a narrativa não pode prosseguir sem que se façam as identificações necessárias a seu prosseguimento. Observando-se os dois casos, ainda se percebe que a segunda "substituição" pedida (a do sintagma "o filho" pelo pronome ele) constitui problema ainda mais grave para a composição do texto, porque, se nesse ponto entrar o pronome **ele**, a referência ficará absolutamente trocada. Na sequência da crônica,

> "[Os técnicos] [....] instalaram o boneco [....]. Ele espiava....",

o referente que o leitor retomará (*anaforicamente) será "o boneco". Com essa retomada, ficaria dito, então, que quem "espiava pela fresta da porta" era o boneco que acabava de ser instalado. Ou seja, a narrativa estaria destruída.

E é por uma visão de tal modo equivocada do que realmente seja a gramática da língua que, em geral, tem ficado prejudicado o estudo da disciplina Gramática. E o que fica clara é a necessidade de, no estudo da língua (e da gramática que a rege), dirigir a atenção para a linguagem produzida (a construção dos textos).

> A lição é esta: a gramática se resolve no "fazer" do texto, ou seja, "no uso" da língua, ficando entendido que o aluno não demonstrará conhecimento gramatical – e não estará operando ciência linguística – se ele simplesmente ficar procurando um carimbo categorial para cada palavra usada na sua língua – por exemplo, o carimbo de "substantivo", em um caso, o carimbo de "preposição", em outro caso –, e sem que a chave dessa resolução tenha seu ponto de partida na visão do funcionamento da linguagem.

Ainda tomando um exemplo: em nada se percebe um olhar reflexivo para a linguagem produzindo seu sentido e seus efeitos na língua portuguesa, se, por exemplo, o estudante simplesmente souber dizer avulsamente que **pirata** é um substantivo e que **horror** (assim como seu plural **horrores**) também é um substantivo, se ele não tiver nenhuma resposta quando lhe perguntarem qual a classe dessas mesmas palavras em situações como as destas duas frases seguintes (para as siglas das ocorrências, consulte-se a seção "Obras do *corpus*"):

- Segundo a ABDIF, São Paulo e Paraná são os principais produtores de cassetes **piratas**. (FSP)
- Isso facilita **horrores** a amizade entre um homem e uma mulher. (FAV-R)

Ora, o usuário da língua – especialmente em ambiente escolar – tem de ter a reflexão conduzida para sempre esperar que, na língua em função, ocorram deslizamentos categoriais proveitosos, ou até necessários, para adequação de uso, que é exatamente o que ocorre nessas duas frases. Refletindo:

a. Na primeira frase, usando "piratas", o falante ativa qualidades que tradicionalmente se atribuem a esses indivíduos (no caso: "falsidade"/

"falsificação"/"enganação"), para atribuí-las a "cassetes piratas", e faz isso simplesmente colocando o substantivo **piratas** à direita do substantivo <u>cassetes</u>, já que, como usuário natural da língua, em geral ele constrói suas frases colocando adjetivo à direita de substantivo. Ou seja, ele simplesmente 'sabe' (e sem que tenha sido preciso ninguém lhe ensinar) que, no sistema da língua portuguesa, a posição do adjetivo, como adjunto do substantivo, é, regularmente, à sua direita.

b. Na segunda frase, está ativada outra flutuação natural de categorias gramaticais, que ocorre com substantivos abstratos, tratando-se, portanto, de um tipo particularizado de significação, o das qualidades, sentimentos, estados, ações, processos. No caso, o falante usa **horrores** (substantivo abstrato que designa uma qualidade negativa extremamente impactante) como satélite (modificador do tipo adverbial) do verbo **facilitar**, conseguindo com isso intensificar fortemente essa ação.

E, afinal, nesta avaliação da disciplina Gramática como item de currículo escolar, queremos introduzir na reflexão sobre gramática essa noção tão significativa para o entendimento do funcionamento linguístico, que é a naturalidade da existência de 'deslizamentos' pelos quais termos de natureza 'mais' **lexical** adquirem na construção uma natureza 'mais' **gramatical**. Nos casos aqui comentados, **piratas e horrores** foram exemplos desse processo: **piratas** (deslizando de substantivo na direção de adjetivo) e **horrores** (deslizando de substantivo na direção de um intensificador, que, em princípio, é adverbial) são casos dessa flutuação, que vem sendo nomeada como "gramaticalização", um fato muito relevante no estudo gramatical.

> Uma importante lição a ser levada à escola centra-se nessa noção muito significativa para o entendimento da 'gramática' da língua, que é a noção de "gramaticalização": o 'deslizamento' de termos de natureza 'mais' lexical para uma natureza mais gramatical que se opera funcionalmente em determinadas construções da língua.

A GRAMÁTICA COMO CÁLCULO DE PRODUÇÃO DE SENTIDO DO ENUNCIADO. RESOLUÇÃO: NÍVEIS, ESTRUTURAS E FUNÇÕES (SEGUNDO AS ESTRUTURAS)

Alguém dirá que a escola já tem falado, sim, muito em "função", porque, por exemplo, também "sujeito" e "objeto direto", que são "funções sintáticas", têm sido buscados para classificação dentro das orações em que ocorrem. Nada há de desprezível na busca, em si, de um exame desse tipo de "funções": pelo contrário, aí está a construcionalidade de cada língua em estudo, parte fundamental do conhecimento linguístico. Entretanto, esse exame tem sido cumprido, em geral – semelhantemente ao que se faz com as "classes de palavras" –, mediante o mero catálogo de "funções sintáticas" disponível em quadros avulsos de classificações e subclassificações, que os livros exibem na sua "análise" das "orações". O que o aluno tem de fazer, no caso, é apenas nomear ou reconhecer um termo destacado em uma determinada *oração: se é "sujeito", se é "objeto direto", e assim por diante. Nesse exercício, a oração é tomada como um corpo fechado em si, avulso, oferecido apenas para ser recortado em suas partes, sem nenhuma atenção para o todo funcional em que ela se integra. São oferecidas séries desses exercícios simplesmente classificatórios, nos quais o aluno tem apenas de carimbar irrefletidamente uma peça aqui e outra ali, que seja assinalada.

> Nessa linha de estudo desvinculada dos usos, fica absolutamente não considerado que as *orações são peças de fechamento sintático, questão muito significativa, sim, entretanto, cada uma dessas peças é um universo em que se resolve a produção (e as funções) da linguagem. Fica também esquecido que há todo um conjunto de processos, ativados na produção dos "enunciados", que não podem ser resolvidos no âmbito restrito de cada peça de fechamento sintático (cada *oração).

O que tem de estar na busca, estudando-se a linguagem, é o todo daquilo que é "dito" na enunciação, com a produção dos enunciados. E os enunciados têm de ser considerados segundo a tripla componencialidade da gramática:

a. Sintaticamente, um enunciado pode ser visto como o ponto de saída estruturado do *"ato de fala", ou "ato de linguagem": é nesse nível que se instaura a noção de *frase (unidade comunicativa), sem se perder a noção de *oração (unidade sintática). Não se pode esquecer, entretanto, que a oração não necessariamente é "simples" (o tradicionalmente denominado "período simples"), ela pode ser "complexa", o que corresponde ao tradicionalmente denominado "período composto". Ainda cabe observar que os "atos de linguagem" também produzem frases que prescindem de uma predicação (as "frases nominais", que vêm exercitadas nas atividades deste capítulo e teoricamente apresentadas na última seção do próximo).
b. Pragmaticamente, um enunciado pode ser visto como motivado pelos propósitos que estão na origem da própria enunciação (do **ato** de *enunciar), e que também estarão na chegada ao interlocutor, que os capta naquela situação de uso e naquele contexto amplo de uso (ou não os capta, se a interlocução for malsucedida). Ou seja, pragmaticamente se unem as duas pontas da enunciação: a daquele que quer ter seu propósito alcançado e a daquele que capta essa intenção (ou não a capta, se a interlocução for malsucedida).
c. Semanticamente, um enunciado pode ser visto como produtor de significado(s), no cumprimento da interação linguística: há o emissor, que, na produção, carrega de significado(s) o seu enunciado, e há o receptor, que, na interpretação, capta essa carga semântica (ou não a capta, o que interfere na boa consecução pragmática). Obviamente, há de ser muito bem observado que esses falantes implicados na produção e na captação dos sentidos não exercem papéis isolados, independentes, na linguagem, porque a linguagem é sempre interacional. E isso faz ver a complexidade daquilo que o funcionalismo do linguista holandês Simon Cornelis Dik nomeia como "modelo de interação verbal".

Particularmente, é na linguagem falada que a complexidade real é visível, porque, na escrita, tem de ser considerado o fato de estar havendo uma certa "representação" (gráfica) daquilo que funcionalmente é dito e é interpretado. Assim, é recorrendo ao discurso falado que já na década de 1970 se veem propostos como níveis de estruturação dos enunciados:

a. um nível da estrutura "formal", construcional, exatamente o "arranjo" dos elementos portadores de mensagem na situação do evento;
b. um nível da estrutura "ilocucionária", ligado à produção dos atos de fala, com implicação das ideias e das intenções do falante;
c. um nível da estrutura interacional, ligado à distribuição dos enunciados entre os parceiros.

Visivelmente, nada do que se envolve naquele tipo de exercitação mecânica de uma carimbagem de categorias avulsas da "gramática" faz ver alguma atenção à real produção da "linguagem", que é a que se vê explicitada nessa consideração dos níveis de estrutura da linguagem. Por exemplo, no nível de estruturação formal, é fácil ver como é importante a atenção para a "distribuição" das diferentes peças nos diferentes pontos do enunciado. Por exemplo, se alguém disser, avulsamente, que, na língua portuguesa, **livro** é um "substantivo" e **de** é uma preposição, nada fica evidenciado quanto à funcionalidade dessas classes gramaticais, na língua. Entretanto, essa visão estará cientificamente sustentada se a pessoa souber reconhecer em algum texto o termo **livro** como "substantivo" (= nome) porque reconhece que ele está preenchendo uma "casa" estrutural que, pela sua "distribuição" no enunciado, é uma casa de valor "nominal" e com uma distribuição específica, regrada, na estrutura do enunciado. Para exemplificar, podemos proceder à discussão da ocorrência que vem a seguir (similar àquela feita na seção anterior deste capítulo):

- Justiça apreende cópias **piratas** de *software*.

A discussão foi toda no sentido de mostrar que o termo **piratas** (em princípio, um nome/substantivo), quando se encontra colocado à direita do nome/substantivo cópias, que é o "núcleo" do sintagma nominal, já se afasta da categoria "substantivo", tomando a direção da categoria "adjetivo": ou seja, deslizando de nominal para adnominal.

> Resumindo – e insistindo –, não se pode aceitar que o conhecimento da "gramática" de uma língua se limite a uma catalogação avulsa de categorias, até porque, se assim for, estará sendo admitido que a disciplina Língua Portuguesa é a única na qual o aluno pode lidar com peças de observação totalmente desgarradas do arranjo funcional dentro do qual elas se regulam, na sua ativação. Ou seja, é entender-se que existe língua fora da linguagem. E é entender-se que a visão escolar de língua prescinde da ciência.

UMA REFLEXÃO BÁSICA SOBRE A ENTIDADE "GRAMÁTICA" VISTA COMO "PROCESSAMENTO" ATIVADO NA PRODUÇÃO DOS ENUNCIADOS

Uma primeira questão que a escola tem de trazer a seus alunos, quando trabalha a gramática da língua materna – no nosso caso, o português –, diz respeito ao fato evidente de que ninguém precisa entrar em uma escola para aprender a produzir enunciados na sua língua: ou seja, nenhum brasileiro que viva em sua terra precisa fazer "estudos" para falar o português, língua que ele "adquiriu" convivendo com falantes dessa língua. Entretanto, em qualquer sociedade, faz parte do projeto de formação sociocultural dos cidadãos o provimento de uma formação educacional que incorpore a "língua" como objeto de detida reflexão, e, portanto, como objeto de um estudo socialmente disponível. E isso não representa apenas marcar um engajamento corporativo, pelo qual uma comunidade valoriza a "sua" língua e "cuida" dela. Mais que isso, estudar a língua nativa na escola constitui um caminho extremamente valioso para permitir ao falante dessa língua refletir proveitosamente sobre o próprio funcionamento da linguagem, essa faculdade que lhe foi dada juntamente com a sua natureza humana, e com isso ganhar maior e melhor traquejo na sua própria linguagem.

Com certeza, o estudo de uma língua, visto pela ciência, desenvolve-se no estudo da sua "gramática", acionada no uso da linguagem, ou seja, ele vai necessariamente ao estudo daquele "sistema" segundo o qual determinada língua realmente se mostra quando ativada em linguagem. E, para falarmos sobre essa entidade **gramática** a professores e alunos – que são estudiosos da língua ao mesmo tempo que usuários dela –, o procedimento natural é, evidentemente, começar pela penetração em "textos", ou seja, pelas peças que a linguagem "tece" para compor seus significados e produzir seus efeitos.

Nem é necessário insistir no fato de que a linguagem "significa", e, portanto, de que as peças que entram na construção dos enunciados (expressões, textos, frases) estarão sempre engajadas na produção de significados que sejam apreendidos por outra(s) pessoa(s), em situação de interlocução. Mais que isso, também não se pode esquecer que, nessa situação de interação linguística – que é toda e qualquer situação em que se produz linguagem –, as "significações" não são entidades avulsas, elas estão implicadas em algum propósito, nas duas pontas dos atos de linguagem, e são captáveis nos **enunciados** que se produzem.

> Conclui-se, pois, que a "enunciação" – o ato de fala, que se dá em interação – constitui o lugar de partida da linguagem. Entretanto, para o exame da questão na escola, temos de inverter a direção e partir dos "enunciados" para a "enunciação", porque tem de ficar explicitada a "gramática" que, funcionalmente, é o "mecanismo" que os organiza.

A partir desta asserção inicial, há uma série de questões que só se resolvem na língua em uso, chegando-se, por essa via, à noção de "gramática" da língua e, então, à própria motivação da disciplina Gramática na escola. Em relação aos **enunciados** em si, necessariamente regrados pela gramática de cada língua, são noções de base a considerar:

a. o **enunciado** parte de propósitos enunciativos, porque quem fala está movido por uma motivação de uso que envolve alguma intenção natural de que esses propósitos sejam captados pelo parceiro;
b. a peça central em questão é o próprio **enunciado**, ou seja, a estrutura "enunciada", com maior ou menor complexidade, segundo o que melhor responda aos propósitos da emissão;
c. necessariamente se produzem significado(s);
d. e, necessariamente, para isso, montam-se níveis na(s) estrutura(s).

As duas primeiras questões (as do próprio "enunciado", com seus "propósitos") respondem pela motivação daquilo que se enuncia. Representando o componente pragmático, por elas se direciona a terceira questão (o componente semântico) e por elas se ativa a quarta (a sintaxe), que é a "construção" do enunciado, que, afinal, dá conta tanto dos significados quanto dos efeitos.

Voltando-se à atividade de linguagem, que é a enunciação, com seus *atos de fala que produzem os **enunciados**, há questões a explicitar, quando se estuda a língua e linguagem. São, em resumo:

a. a própria **interlocução** dos usuários da língua, coparticipantes que são do conhecimento desse **sistema** linguístico: por exemplo, um professor está, em um determinado momento, conversando com um colega de profissão;

b. a **situação de comunicação**, em que se instalam os **atos de linguagem** que se sucedem, inserida em um **contexto sociocultural**: por exemplo, esses dois falantes conversam no corredor da escola, no intervalo entre aulas;

c. os próprios **interagentes**, usuários da língua, cada um com sua formação e com sua informação pragmática, por exemplo, um dos interagentes é jovem, iniciando-se na carreira, o outro é experiente, ou já cansado;

d. a **inserção social** e a **projeção cognitiva** de cada um daqueles que interagem, e do conjunto deles, no correr da **enunciação**: por exemplo, um dos interagentes está com problemas domésticos no momento, o outro, não.

Pôr atenção no equacionamento que propusemos em cada uma das duas seções que acabamos de desenvolver (a relativa ao enunciado e a relativa à enunciação) representa pôr atenção na gramática da língua.

> O **enunciado** que alguém compõe (e alguém recebe):
>
> a) vem estruturado segundo o sistema da língua: **sintaxe**;
> b) traz significados e compõe sentido: **semântica**;
> c) compõe um fluxo de informação: **pragmática interna**;
> d) tem um móvel nos atos (com situação e contexto): **pragmática externa**.
>
> E no circuito há mentes que se conectam.

Afinal, o que vem implicado na estrutura linguística (gramatical), que empacota os significados, é a representação conceitual da linguagem.

VENDO A "GRAMÁTICA" PELA "ENUNCIAÇÃO"

A visão de gramática parte, então, do mecanismo de que somos dotados – humanos que somos – para interagir com nossos semelhantes mediante uma linguagem de "palavras", desde que uns e outros compartilhemos as regras de um mesmo sistema de língua (e aqui falamos particularmente da língua portuguesa).

Trata-se da noção de interação que, nas lições tradicionais sobre "comunicação", em geral, vem proposta como um "circuito" de comunicação que distingue emissor, receptor, canal, código, mensagem e contexto. Esses são, de fato, elementos que, em uma visão da prática do evento comunicativo, dão conta de um circuito tecnicamente descrito, mas esse esquema, se apreciado apenas pela noção de que tais componentes existem, de modo algum reflete o real fazer da linguagem.

Vantajosamente, a visão funcional do esquema interacional da linguagem de fato conduz à análise da gramática da língua em uso, porque os participantes envolvidos nesse circuito já entram no esquema proposto:

a. com a história e a experiência que carregam, ou seja, com a sua carga de informação pragmática;
b. com seus propósitos e expectativas;
c. com o envolvimento sociocultural que os marca;
d. e, até muito fortemente, com a avaliação da imagem do interlocutor, naquele determinado ato de fala.

No desenho técnico que a teoria da comunicação tradicionalmente nos oferece está de certo modo sugerida a existência desse complexo, mas ela se abriga timidamente naquela simples referência à existência de um "contexto". O certo é que a produção linguística nada mais é do que a produção dos atos de fala, entretanto, não é de uma visão isolada de um ou outro episódio de fala que cabe tratar: a atenção tem de contemplar a parceria do envolvimento pessoal (tanto ideacional quanto intencional) dos interagentes da linguagem.

A base da explicação sobre o trabalho com a gramática só pode ser essa, porque, como já considerado aqui, a noção de gramática necessariamente se prende à noção de uma produção de peças linguísticas, linearmente estruturadas e sistemicamente reguladas, naquela determinada língua particular. Elas sempre estarão cumprindo propósitos específicos, e, por isso mesmo, tanto podem ser extensas (por exemplo, um depoimento de 50 minutos, ou um romance), quanto limitadas (por exemplo, um bilhete, ou um simples pedido de socorro), e tanto podem ser complexamente marcadas quanto absolutamente despojadas.

Arranjadas em estruturas construídas oralmente ou por escrito, essas peças cumprem um papel nas relações socioculturais dos usuários de uma determinada língua envolvidos, sendo fácil entender que os modos de estruturação estarão sempre a serviço de alguma destinação sociocultural (regulada já pelo gênero de discurso), aliada ao propósito que tenha originado a produção do significado que se transmite.

Repetindo, sempre: na **enunciação** o **enunciador** engaja necessariamente:

a. um arranjo estruturado das peças da língua (a **sintaxe**);
b. que construa o arranjo dos significados pretendido por ele (a **semântica**);
c. e tudo segundo os seu(s) propósito(s), em relação àquele(s) a quem ele se dirige (a **pragmática**).

E fica entendido que é possível considerar como **texto** o todo de um enunciado que (com sentido) cumpra um propósito, independentemente de características rígidas do que se entende por **texto**, já que **texto** é nada mais do que aquela peça que um falante "tece", entendendo-a como acabada, quando constrói linguagem (o que significa cumprir propósito). Assim, como já lembrado aqui, tanto é texto uma ordem gritada a alguém, como "Sai daí!", ou um aviso em cartaz, como "Não pisar na grama", quanto é texto um discurso de uma hora ou um relatório de mil páginas.

Uma indicação central é que todo enunciado se faz nos padrões construcionais da gramática daquela língua partilhada pelos enunciadores, o que nos permite falar muito confortavelmente da gramática tomando como base os "processos de constituição do enunciado", ou seja, o próprio processamento da linguagem.

> Assim, estudar os "processos de constituição do enunciado" é buscar o entendimento de como a linguagem se processa no uso. Com certeza, esse entendimento tem de ser bastante desenvolvido na escola, para que aos alunos seja oferecida oportunidade de uma segura apreensão do sistema da língua em uso. Com essa base e com a chance de lidar diretamente com a linguagem, o aluno também estará desenvolvendo uma crescente sensibilidade para bem receber textos, assim como para bem compor os seus, nas diferentes situações de vida em comunidade.

ATIVIDADES

PARTE 1
Atividades de análise e reflexão

Este capítulo buscou mostrar o que realmente significa propor que a gramática de uma língua natural se resolva no "fazer" do texto, isto é, nas instâncias particulares de uso da língua. Quanto à prática escolar, é necessário que o estudo de gramática penetre nos textos, explicitando-se a sistemicidade do arranjo das peças na construção dos sentidos. Isso exclui, por exemplo, a valorização de exercícios como a simples rotulação de palavras e de funções sintáticas ou como a simples catalogação dessas peças.

As atividades de análise e de reflexão que se apresentam a seguir têm o objetivo central de desenvolver exatamente esse ponto das lições do capítulo: considerar reflexivamente as peças linguísticas em função no texto. Para isso, vamos direcionar a nossa atenção aos componentes de organização gramatical da língua, a sintaxe, a semântica e a pragmática, vistos na sua interface, buscando mostrar que a construção dos sentidos (semântica) e a obtenção de efeitos comunicativos (pragmática) governam o arranjo construcional (sintaxe) dos enunciados da língua.

Atividade 1

As lições escolares geralmente trazem as classes de palavras como uma lista de categorias a ser memorizada. Com base nelas, os alunos devem rotular todas as palavras da língua. Ocorre que esse tipo de tratamento que muitas vezes se oferece passa a impressão de que as classes de palavras são 'estáveis', discretamente organizadas, e que todas as palavras que delas fazem parte se comportam do mesmo modo. Nesta Atividade, vamos investigar uma classe de palavras, a dos **adjetivos**, exatamente para verificar que não é o caso de que todas as palavras de uma mesma classe se comportem sempre da mesma maneira. Obviamente que, para chegarmos a isso, teremos de considerar tanto a distribuição sintática das palavras (isto é, a posição da sua presença, na organização da sentença) quanto os sentidos (semânticos e pragmáticos) que elas constroem.

Comecemos considerando uma caracterização funcional da classe dos adjetivos, como nos oferece Neves (2011: 173; destaque original): "Os **adjetivos** são usados para atribuir uma propriedade singular a uma categoria (que já é um conjunto de propriedades) denominada por um substantivo" (veja-se "Bibliografia comentada").

Tomando-se aqui especificamente essa classe dos adjetivos, uma caracterização funcional permite observar três aspectos relevantes: (a) um aspecto **pragmático**, quando temos a indicação de que seu uso obedeceu a um propósito, por parte do falante ("são usados para atribuição"); (b) um aspecto **semântico**, quando temos a indicação de que essa atribuição de uma **propriedade** à tal categoria faz uma singularização ("atribuir uma propriedade singular a uma categoria"); (c) um aspecto **sintático**, quando temos a indicação de que essa atribuição de uma propriedade se faz sobre uma categoria (que já é um conjunto de propriedades), ou seja, o substantivo: o adjetivo, então, liga-se a (funciona para) um **substantivo**. Ora, de início devemos considerar, então, que no próprio modo de conceber uma classe de palavras, como, neste caso, estamos vendo com a dos **adjetivos**, estão implicadas a **sintaxe**, a **semântica** e a **pragmática**, e não apenas aspectos morfológicos, como comumente aparece em manuais gerais de gramática.

Insistindo: de início devemos considerar, então, que a caracterização de uma classe de palavras – como, neste caso, estamos vendo a dos **adjetivos** – deve fazer referência a propriedades da **sintaxe**, da **semântica** e da **pragmática**, o que comumente não é contemplado nas lições escolares de gramática.

Agora, na visão dessa operação de atribuírem-se "propriedades" (adjetivos) a algum conjunto de propriedades (substantivos), consideremos, então, as seguintes ocorrências do *corpus* do Laboratório de Lexicografia da Unesp/Araraquara que trazem combinações de substantivo e adjetivo:

(1) Já Túlio era um especialista mais amadurecido, que começara em Messina, com De Franco, uma rigorosa carreira em <u>neuropsiquiatria infantil</u>. (ACT-R)

(2) O lazer eletrônico destrói o gosto pel<u>a vida *associativa*</u>? (LAZ-T)
(3) Buritizal não é apenas um dos menores municípios do Estado de São Paulo, é também o que tem o menor índice de <u>mortalidade *infantil*</u> e de criminalidade. (ACT-R)
(4) Você continua sendo <u>aquele garoto *curioso* e *honesto*</u>. (ACM-R)
(5) Pararam perto d<u>a grota *profunda*</u>. (COB-R)
(6) As ruas centrais de Porto Alegre apresentavam <u>um espetáculo *impressionante*</u>. (INC-R)

O que vamos ver é que existem "propriedades" e "propriedades", ou seja, que as propriedades que os adjetivos atribuem aos substantivos não são sempre da mesma natureza, o que vai levar ao entendimento de que os adjetivos não são sempre de uma mesma (sub)classe de palavras. Veja-se que os adjetivos destacados nas ocorrências (1) a (3) diferem dos adjetivos de (4) a (6). Ora, no caso de (1), não se fala de uma neuropsiquiatria que tenha qualidades ou características infantis, mas, sim, de uma "neuropsiquiatria" já tipificada como "da infância"; no caso de (5), a grota é qualificada segundo uma propriedade, a de ser profunda. Esses adjetivos se diferenciam, então, pelo modo de atribuição de propriedades ao substantivo.

Se os adjetivos atribuem alguma propriedade a um substantivo, como se pode explicar as diferenças entre os adjetivos das ocorrências de (1) a (6), na linha do que acabamos de mostrar? Para responder a essa pergunta, consulte uma gramática de referência do português (veja-se a "Bibliografia comentada").

Atividade 2

Na linha do que exploramos na Atividade 1, vamos continuar com nossa atenção direcionada às propriedades sintática, semântica e pragmática dos enunciados linguísticos.

Até aqui já exploramos a organização interna das classes de palavras na gramática, mostrando que nessa organização atuam não só aspectos morfológicos (como geralmente apresentam manuais de gramática), mas também aspectos sintáticos (da distribuição no enunciado), semânticos (relativos aos significados construídos) e até mesmo pragmáticos (relativos aos efeitos comunicativos).

Nesta questão, vamos explorar um aspecto do funcionamento das classes na língua em uso que é de natureza semântico-pragmática com consequências para as propriedades sintáticas das palavras: uma mesma palavra pode ser categorizada em diferentes classes, a depender da sua distribuição sintática no enunciado.

Considerem-se as duas ocorrências com a palavra *passageiro(a)* a seguir.

(1) Ela diz que não é grave, trata-se de um mal-estar passageiro. (CEN-R)
(2) Fui o primeiro passageiro a chegar. (CHI-R)

Na ocorrência (01), a palavra é um **adjetivo**, pois faz uma atribuição ao substantivo "mal-estar" e ocorre à direita do núcleo do sintagma nominal. Na ocorrência (02), a palavra é o próprio núcleo do sintagma nominal, designando um indivíduo da classe dos passageiros. É, portanto, classificada como um **substantivo**. Se é um **substantivo**, faz referência com descrição; se é um **adjetivo**, passa a fazer uma atribuição de uma propriedade. Por aí vemos que a distribuição sintática, isto é, a posição de uma palavra em relação a outra, pode fazer com que um item constitua um membro de uma ou outra classe (esse ponto se discutiu bem nas seções "A gramática como cálculo de produção de sentido do enunciado. Resolução: níveis, estruturas e funções (segundo as estruturas)" e "Uma reflexão básica sobre a entidade 'gramática' vista como 'processamento' ativado na produção dos enunciados" deste capítulo). No entanto, em cada um dos dois casos, a palavra constrói significados diferentes.

a. Quando a palavra "passageiro" é usada como um adjetivo, como na ocorrência (1), qual o significado que ela passa a construir? E quando ela é usada como um substantivo, como na ocorrência (2)?

Acontece que não é apenas na combinação de dois substantivos que o substantivo à direita passa a fazer uma **atribuição de propriedade**, comportando-se como um **adjetivo**. Observem-se as ocorrências a seguir do *Corpus* do Laboratório de Lexicografia da Unesp/Araraquara.

(3) Maria – Que idade o senhor tem?
    Bombeiro – Vinte e nove.
    Maria – Vinte e nove! O senhor é <u>muito *criança*</u> ainda! (EL-D)
(4) Mário ainda é <u>muito *menino*</u>. (A-R)
(5) Pois fique sabendo que sou <u>muito *mulher*</u> [...]. (F-D)

As palavras destacadas em itálico nas ocorrências são substantivos que constituem o núcleo de sintagmas nominais (sublinhados). Ocorre que essas palavras não se comportam como substantivos porque não fazem referência propriamente a alguma coisa, antes fazem atribuição, até por isso mesmo vêm acompanhadas do modificador de intensidade "muito". Considerando isso, responda:

    b. Qual a função sintática dos sintagmas em que ocorrem esses substantivos? E qual a natureza semântica da propriedade que atribuem, isto é, qual o significado adjetivo que essas palavras passam a ter nesses enunciados?

Voltemos à palavra *passageiro* do início desta atividade. Vejam-se as duas ocorrências (6) e (7).

(6) Anália era <u>passageira</u>. (BH-R)
(7) Seus amigos ficaram preocupados, mas algo no coração de Zedka dizia que aquilo era <u>passageiro</u>. (VDM-R)

A palavra *passageiro/passageira* claramente exibe a mesma distribuição nas duas ocorrências, é um predicativo do sujeito em uma sentença com verbo de ligação *ser*. Mas claramente a interpretação não é a mesma.

    c. Determine a interpretação da palavra *passageiro* em (6) e em (7). Identifique os termos nos enunciados que condicionam essa interpretação.
    d. Pode-se dizer que em um dos casos a palavra se comporta mais como substantivo e, em outro, mais como adjetivo? Explique.

Atividade 3

Os enunciados que produzimos nas nossas interações linguísticas têm sempre um propósito – seja declarar, pedir, inquirir, perguntar, ordenar, sugerir etc. Por isso mesmo são enunciados: porque são produzidos por um falante para um interlocutor, numa situação comunicativa. A questão central é que, como mostramos ao longo do capítulo, a relação que se estabelece entre falante e ouvinte, fundamental para o uso da língua nas comunicações, determina o modo como os enunciados são produzidos.

Por exemplo, dependendo da minha familiaridade com a pessoa com quem eu estou almoçando, eu posso pedir o sal dizendo "Por favor, você pode me passar o sal?", "Me passa o sal", "Passa o sal aí" etc. O pedido é o mesmo, mas a forma como se constrói esse pedido é absolutamente diferente.

E há os casos em que um falante pode fazer um pedido indireto. Por exemplo, imagine que você está numa sala com alguns colegas, as janelas estão todas abertas e começa a fazer frio. Se você quer que um de seus colegas feche a janela, você pode simplesmente dizer "Está frio, né?". Ou seja, você não pediu que ele fechasse a janela, mas deu a ele 'sugestão' de que você quer que a janela seja fechada.

Isso significa que nem sempre haverá coincidência entre a interpretação literal entre o conteúdo semântico de um enunciado proferido e o ato de fala pragmático que esse enunciado realiza na interação. No exemplo da janela, "Está frio" é uma simples afirmação sobre um estado de coisas.

Exploremos essa questão considerando o trecho inicial de um conto do livro *Alice: aventuras de Alice no país das maravilhas & através do espelho*.

> **Um chá maluco**
>
> Em frente à casa havia uma mesa posta sob uma árvore, e a Lebre de Março e o Chapeleiro estavam tomando chá; entre eles estava sentado um Caxinguelê, que dormia a sono solto, e os dois o usavam como almofada, descansando os cotovelos sobre ele e conversando por sobre sua cabeça. "Muito desconfortável para o Caxinguelê", pensou Alice; "só que, como está dormindo, suponho que não se importa."
> Era uma mesa grande, mas os três estavam espremidos numa ponta: "Não há lugar! Não há lugar!" gritaram ao ver Alice se aproximando. "Há lugar de sobra!", disse Alice, indignada, e sentou-se numa grande poltrona à cabeceira.
>
> Fonte: CARROLL, Lewis. *Alice: aventuras de Alice no país das maravilhas & através do espelho*. Rio de Janeiro: Zahar, 2002, p. 89.

Quando o Chapeleiro Maluco e a Lebre de Março veem Alice chegando perto da mesa, eles começam a gritar "Não há lugar!" repetidamente. Esse é um enunciado exclamativo que traz uma informação semântica (um conteúdo proposicional) de que não há lugares à mesa. Responda:

a. O que objetivam a Lebre de Março e o Chapeleiro Maluco com a afirmação "Não há lugar!"? Que tipo de ato de fala esse enunciado realiza?

b. Considerando o conteúdo semântico do enunciado "Não há lugar!" e o que a Lebre e o Chapeleiro pretendiam com esse enunciado, por que Alice pode ter ficado indignada?

Atividade 4

Ao longo das atividades deste capítulo, examinamos a relação entre sintaxe, semântica e pragmática tanto na caracterização e no funcionamento das classes de palavras quanto na composição de enunciados na interação.

Nesta última atividade de análise e reflexão, consideremos a relação da gramática da língua com os gêneros textuais, como discutimos na última seção deste capítulo.

Se um gênero discursivo constitui um modo convencional de interação entre indivíduos de uma mesma comunidade linguística, então o gênero é sempre marcado pela sua finalidade – algo muito ligado à destinação funcional dos enunciados, que sempre se rege pelo seu propósito comunicativo.

Sempre que interagimos por meio da linguagem estamos, em alguma medida, conformando-nos às convenções sociais. Assim, buscamos em geral ser eficientes e cooperativos nas interações.

Direcionemos nossa atenção ao gênero bula de remédio, que é um gênero essencialmente informativo, porque traz a composição química do remédio, bem como as instruções de uso, os possíveis efeitos colaterais, as restrições de uso etc. Ela pode destinar-se tanto a um consulente especialista, como médicos e farmacêuticos, quanto a consulentes leigos, como, em geral, é o caso dos pacientes. E é por isso que as companhias farmacêuticas fazem duas versões da bula de um medicamento: uma destinada ao público especializado e outra, ao paciente.

A seguir trazemos o trecho inicial de uma bula destinada ao paciente. Passemos à leitura do texto, prestando atenção ao modo como ele é gramaticalmente organizado.

> **Bula de remédio, *Claritin* (anti-histamínico)**
>
> INFORMAÇÕES AO PACIENTE
>
> **1. PARA QUE ESTE MEDICAMENTO É INDICADO?**
> CLARITIN® é indicado para o alívio dos sintomas associados com a rinite alérgica, como: coceira nasal, nariz escorrendo (coriza), espirros, ardor e coceira nos olhos. CLARITIN® também é indicado para o alívio dos sinais e sintomas da urticária e de outras alergias da pele.
>
> **2. COMO ESTE MEDICAMENTO FUNCIONA?**
> CLARITIN® pertence a uma classe de medicamentos conhecidos como anti-histamínicos, que ajudam a reduzir os sintomas da alergia, prevenindo os efeitos da histamina, uma substância produzida pelo próprio corpo. Os sinais e sintomas oculares e nasais da rinite alérgica são rapidamente aliviados após a administração oral do produto.
>
> **3. QUANDO NÃO DEVO USAR ESTE MEDICAMENTO?**
> Este medicamento é contraindicado para uso por pacientes que tenham demonstrado qualquer tipo de reação alérgica ou incomum a qualquer um dos componentes da fórmula ou metabolitos.
>
> **4. O QUE DEVO SABER ANTES DE USAR ESTE MEDICAMENTO?**
> Advertências. Se você estiver grávida ou amamentando ou se tiver doença no fígado ou nos rins, procure seu médico ou farmacêutico.
>
> Fonte: Bula de Claritin. Disponível em: https://bula.medicinanet.com.br/bula/detalhes/1498/bula_para_paciente_claritin.htm. Acesso em: 6 abr. 2022.

Logo se nota que o texto da bula não se organiza como uma peça simplesmente dissertativa ou expositiva, mas se constrói na estrutura "pergunta e resposta". Na conversação face a face, quando dois interlocutores interagem, se um faz uma pergunta, o outro responde. O par "pergunta-resposta" é, em princípio, dialógico, porque sempre implica um esquema interacional. No caso da bula, esse par de enunciados, de certa forma, configura exatamente um cenário dialogal.

    a. Pensando-se nesse cenário dialogal, quem seria o participante que faz a pergunta e quem seria o participante que responde à pergunta?
    b. Por que pode ser eficiente organizar a bula do paciente por meio dessa estrutura pergunta e resposta?
    c. Consulte a página da internet indicada ao final do texto da bula e procure pela versão da bula direcionada a especialistas. Essa estrutura pergunta-resposta se mantém? Poderíamos ter uma resposta para o porquê disso?

PARTE 2
Sugestões de atividades para aplicação na educação básica

Contextualização da proposta: as atividades que se apresentam a seguir são pensadas para serem aplicadas a partir das séries finais do ensino fundamental, etapa em que os estudantes já estão mais inseridos na complexidade das relações sociais, bem como na complexidade das relações linguísticas e gramaticais.

Proposta: Analisando a gramática no texto a partir de uma condução global

Entre as décadas de 1950 e 1960, Clarice Lispector, já consagrada escritora, assinava, sob vários pseudônimos, colunas de comportamento feminino nos jornais *Diário da noite* e *Correio da manhã*, disponíveis em domínio público no site da Fundação Biblioteca Nacional.

O texto que se oferece a seguir faz parte de uma série de textos, *Cursinho sobre perfume*, na qual Ilka Soares, um dos pseudônimos de Clarice Lispector, discute questões diversas sobre a relação entre mulher e perfume, desde os tipos de fragrância até as maneiras mais eficientes de se perfumar. Este ponto especificamente é o tema do texto a seguir.

Texto 1 – Coluna de jornal

Como se perfumar
Clarice Lispector (Ilka Soares)

Uma gota atrás de cada orelha. Outra gota em cada pulso. Uma ou outra na nuca. Se quiser, outras duas no interior do cotovelo [...]. Uma gotinha nas têmporas. E assim, a cada movimento seu também o perfume se movimenta.
[...]

Diário da noite, 15 de junho de 1960.

Fonte: Este texto foi originalmente publicado no *Diário da noite* e faz parte da coletânea *Correio feminino*, organizada por Aparecida Maria Nunes, publicada pela Rocco (2006, p. 99).

Como o próprio título já sugere, a autora apresenta um 'tutorial' para a sua leitora seguir. Logo no primeiro parágrafo, ela traz indicações de como sua leitora deve proceder para se perfumar. Note-se que Clarice faz todas as suas indicações usando apenas **frases nominais**. Veja-se:

- Uma gota atrás de cada orelha.
- Outra gota em cada pulso.
- Uma ou outra na nuca.
- Se quiser, outras duas no interior do cotovelo.
- Uma gotinha nas têmporas. E assim, a cada movimento seu também o perfume se movimenta.

No texto, Clarice opta por **frases nominais**, que geralmente constroem **referentes** para expressar uma **injunção**, isto é, oferecer uma instrução para sua leitora.

A gramática do português oferece aos falantes outros meios linguísticos de fazer uma **injunção**, como **frases verbais com verbo no infinitivo** (Texto 2) e **frases verbais com verbo no imperativo** (Texto 3).

Texto 2 – Manual

Instrução de uso do PinPlay Berço 58

Evitar batidas e o contato com objetos cortantes.
[...]
Utilizar espaçador "I" entre os estrados para separá-[los].
[...]

Fonte: Manual Pin Play. Disponível em: http://manuais.tokstok.com.br/manuais/pinpbe58_nwbr.pdf. Acesso em: 24 fev. 2022.

Texto 3 – Receita culinária

Frapê de café

Ingredientes:
1 xícara (chá) de leite
10 cubos de gelo de café
Rapadura ralada a gosto para servir (opcional)

Modo de preparo:
No copo do liquidificador, coloque os cubos de gelo de café e o leite. Bata bem até triturar os cubos de gelo e ficar com consistência de frapê. Divida a bebida em dois copos, polvilhe com rapadura e sirva a seguir.

Fonte: Frapê de café. Disponível em: https://www.panelinha.com.br/receita/Frape-de-cafe. Acesso em: 24 fev. 2022.

Em cada gênero discursivo apresentado, verifica-se um modo de construir enunciados que expressam injunção, configurando algum tipo de instrução. E cada uma dessas escolhas que o falante faz alcança efeitos muito específicos no texto. Por exemplo, as injunções feitas com o infinitivo, em um manual (Texto 2), apresentam passos a serem seguidos, enquanto as injunções feitas com o imperativo, em uma receita culinária (Texto 3), geralmente deixam marcada uma relação instrucional entre o leitor da receita e o autor dela.

É notável, assim, que a escolha que um falante faz por uma forma ou outra tem relação não só com o significado (**semântica**) que ela constrói, mas também com os efeitos comunicativos que se obtêm (**pragmática**).

Atividade 1

Pela natureza da coluna jornalística, é possível notar que a autora Clarice Lispector está constantemente fazendo algum movimento na tentativa de se dirigir à sua leitora e de se antecipar a potenciais dúvidas que ela possa ter. Releia o Texto 1 e encontre algumas expressões linguísticas que Clarice usa para obter esse efeito. Clarice se dirige explicitamente à sua leitora ou o movimento de injunção que ela faz é mais sutil? Explique.

Atividade 2

Nessa linha, considerando a natureza da interação que se estabelece entre a escrita de Clarice Lispector e sua leitora (a mulher das décadas de 1950-1960), diga por que a escolha de Clarice pelo uso de frases nominais ("Uma gota atrás de cada orelha") para a expressão de uma instrução pode ser mais eficiente do que se ela tivesse escolhido construir frases com verbos imperativos.

Atividade 3

Com base na reflexão conduzida até aqui, explique por que pode ser ineficiente, do ponto de vista comunicativo, que um manual apresente instruções do mesmo modo como faz Clarice Lispector em sua coluna. Para responder a essa questão, tente reconstruir o texto do manual à maneira do que faz Clarice em sua coluna.

Atividade 4

Na instrução de como se perfumar, Clarice diz "uma gotinha", com o substantivo no diminutivo, indicando que não é muito que se deve usar do perfume. Na receita do frapê, por outro lado, as quantidades vêm especificadas em termos de medida padrão. Diga se daria para uma receita indicar a quantidade de ingredientes usando aumentativos e diminutivos, como fez Clarice.

Atividade 5

Atualmente há inúmeras pessoas que publicam tutoriais sobre os mais diversos temas em suas redes sociais e em canais on-line de transmissão de vídeos: como se maquiar, como fazer tarefas domésticas de maneira mais eficiente, como organizar seus estudos etc.

Vamos colocar a mão na massa, então!

Acesse algumas dessas plataformas e procure postagens desse tipo **instrucional**, sem se preocupar com o tema. O importante é que você escolha postagens feitas por pessoas diferentes e sobre temas diversos.

Assista aos vídeos que você escolheu e anote alguns trechos que as pessoas usam para dar ordens, sugestões e instruções. Após essa tarefa, responda:

a. As formas linguísticas que você anotou são as mesmas para todas as postagens?
b. É possível perceber alguma relação entre o tema da postagem e as instruções que a pessoa oferece?
c. Há casos em que as pessoas que fizeram as postagens são mais 'incisivas' ou mais 'sutis' no seu modo de apresentar uma instrução?

Sugestão ao professor: quando for aplicar esta atividade, sugere-se que seja desenvolvida, pelo menos inicialmente, em sala de aula, para que o professor possa certificar-se de que os estudantes estão encontrando amostras de uso de linguagem segundo as especificações da atividade.

PARTE 2

OPERANDO NO LABORATÓRIO: OS PROCESSOS BÁSICOS DE CONSTITUIÇÃO DO ENUNCIADO

O processo de predicar em linguagem

> MOTE:
> Nem todas as frases de um texto são orações, ou seja, têm predicações, mas todas as palavras da língua podem ser analisadas dentro da **predicação**. A predicação tem como núcleo um **predicado**, que designa propriedades ou relações que se aplicam a um certo número de **termos**, os quais se referem a entidades. A predicação designa um estado de coisas, ou seja, uma codificação linguística que o falante faz da situação, implicando **papéis semânticos** e resolvendo-se, construcionalmente, em funções sintáticas.

EM PRINCÍPIO, A CATEGORIA "VERBO" COMO PARTE ESSENCIAL DA UNIDADE "ORAÇÃO"

> Claramente se anuncia que o tratamento do "predicar", em linguagem, merece não apenas uma visão sintática, como tradicionalmente se apresenta na escola, mas também uma visão semântica, aliás, determinante.

Vamos começar com um parágrafo do romance *Vidas secas*, de Graciliano Ramos, que se compõe, muito evidentemente, de uma série de predicações: são três períodos, marcados por um ponto final, com nove predicações no total (aqui registradas com os verbos sublinhados).

> **Inverno**
>
> [...]
> Fabiano esfregou as mãos satisfeito e empurrou os tições com a ponta da alpercata. As brasas estalaram, a cinza caiu, um círculo de luz espalhou-se em redor da trempe de pedra, clareando vagamente os pés do vaqueiro, os joelhos da mulher e os meninos deitados. De quando em quando estes se mexiam, porque o lume era fraco e apenas aquecia pedaços deles. [...]
>
> Fonte: RAMOS, Graciliano. *Vidas secas*. 120ª ed. São Paulo: Record, 2013, p. 63.

No título desta seção já está o nome da categoria **oração**, que é a construção sintática que contém uma predicação, esse que é o processo básico de constituição do enunciado, como já foi indicado na proposição do objetivo deste livro (veja-se a seção "Objetivo: chegar-se, na escola, a um direcionamento que permita trabalhar os enunciados da língua segundo os processos básicos de sua organização" do primeiro capítulo). E nesse quadro inicial já está a implicação de **sintaxe** e **semântica** no processo "predicação", o qual pode ser assim explicitado, em síntese:

a. a **predicação** sempre abriga um elemento nuclear, que é, propriamente, o **predicado** (entidade sintática e também semântica);
b. a **predicação** contém um elemento da classe **verbo**, que pode, ou não, ser o elemento nuclear:
   b.1) se o núcleo for o verbo, o predicado é denominado como **verbal**; é o que ocorre na maioria das predicações do nosso trecho de texto (com os verbos *esfregou, empurrou, estalaram, caiu, espalhou, clareando, mexiam, aquecia*);
   b.2) se o núcleo não for o verbo (se for um elemento de classe nominal, ou seja, substantivo, adjetivo ou pronome), o predicado é denominado como **nominal**; é o que ocorre na penúltima predicação do nosso trecho de texto (*porque o lume era fraco*);

c. semanticamente, a **predicação** se configura segundo os "papéis semânticos" que cada verbo requer: por exemplo, um verbo do tipo semântico "de ação" requer a existência de um "agente"; é o caso, de *Fabiano esfregou as mãos satisfeito*, em que "Fabiano" faz a ação de esfregar as mãos;
d. sintaticamente, ou seja, quanto à construção, a **predicação** determina as "funções sintáticas" dos termos: sujeito, objeto direto etc.; no trecho de texto, o sujeito das duas primeiras predicações é *Fabiano*, na segunda não expresso, e há os objetos diretos *as mãos* e *os tições*, respectivamente;
e. a **predicação** pode conter, ou não, um elemento **sujeito**: "Chove", por exemplo, é uma **predicação** só com o **predicado**, sem sujeito; no nosso trecho de romance quase todas as orações têm o seu sujeito expresso.

Predicando, o verbo institui para aquela construção (que, sintaticamente, é uma "oração"), um valor temporal. A categoria "tempo verbal" é dêitica, ou seja, é referencial, a partir de um "eu" que fala, estando ele em um determinado lugar e em um determinado momento (**eu/aqui/agora**). Essa categoria se acopla, de um lado, a um determinado "modo verbal", que diz respeito à posição do falante quanto à validade da relação entre o sujeito e o predicado, e, de outro lado, a um determinado "aspecto verbal", que é a estrutura temporal interna de uma situação (as fases do tempo). Essas categorias são expressas particularmente pelas desinências dos verbos, e em ligação com as propriedades lexicais de que dispõe cada verbo.

A DETERMINAÇÃO SEMÂNTICA DA ESTRUTURA ARGUMENTAL DOS VERBOS

Na sua grande maioria, os verbos da língua (que já são de variados tipos semânticos, como se verá adiante) podem ser construídos de diversas maneiras, ativando predicações de diferentes sentidos, conforme a estrutura oracional que se monta (denominada "*estrutura argumental" do verbo). Essa estrutura implica os "termos" que vão funcionar com o verbo para compor a predicação. São exatamente os "argumentos" que são exigidos (semanticamente e sintaticamente, como se acaba de explicitar) pelo núcleo verbal daquela determinada predicação. Isso significa que em cada predicação se configura uma "estrutura argumental" particular, a partir da natureza do verbo. Como indicação inicial, resuma-se a proposta seguida pelo *Dicionário gramatical de verbos* (1990), composto na Unesp de Araraquara, que propõe como tipos semânticos gerais de verbos os seguintes: de ação, de processo, de estado e de ação-processo.

A seguir se ilustra, em uma oração bem simples, a ativação da estrutura argumental dos verbos, nas orações, tomando como exemplo **estudar**, verbo que tem apenas um tipo semântico, o "de ação":

Verbo **estudar** – Amostra de estrutura argumental			
Tipo semântico AÇÃO	Argumentos		Exemplo
	Papel semântico	Função sintática	
1 argumento	- Agente (quem estuda)	- Sujeito	Eu **estudei**.
2 argumentos	- Agente (quem estuda) - Objeto (o que é estudado)	- Sujeito - Objeto direto	Eu **estudei** tudo.

Muitos verbos, entretanto, podem ser ativados construindo predicações de mais de um tipo, em conformidade com a "*estrutura argumental" que cada uma das suas construções possíveis produz. A análise que se apresenta a seguir traz como exemplo, também em orações bem simples, o verbo **rasgar**, construído de duas maneiras possíveis, ou seja, com duas possíveis estruturas argumentais ativadas:

- O papel **rasgou**.
- Eu **rasguei** o papel.

Verbo **rasgar** – Amostra de estrutura argumental			
Tipo semântico	Argumentos		Exemplo
	Número	Discriminação semântica	
Ação + processo	2	- quem/aquilo que rasga [eu]/o vento + aquilo que é rasgado [o papel]	Eu **rasguei** o papel. O vento rasgou o papel.
Processo	1	- aquilo que fica rasgado [o papel]	O papel **rasgou**.

a. No primeiro caso, o verbo **rasgar** indica uma "ação" (praticada pelo *referente representado pelo pronome eu), a qual acarreta um "processo" em outro *participante nominal da estrutura argumental; há, pois, dois argumentos envolvidos na estrutura argumental do verbo:
   - o *agente (quem rasga);
   - o *afetado (aquilo que fica rasgado);
b. no segundo caso, o verbo **rasgar** indica apenas o "processo" que afetou o participante, não havendo referência à prática de alguma ação ligada a esse processo: há, pois, apenas 1 argumento envolvido na estrutura argumental do verbo:
   - o *afetado (aquilo que fica rasgado).

As predicações, entretanto, pertencem à entidade "oração", que nada mais é do que a formulação "de saída" de um ato de fala, e, portanto, é uma peça de linguagem, com sua inserção no texto a que pertença, ou seja, com sua inserção em uma situação de uso e em um contexto.

A FACE PRAGMÁTICA DA PREDICAÇÃO

É evidente que esse cuidado em olhar a natureza sintático-semântica dos enunciados (aqui, particularmente, a natureza da "predicação") não pode ser entendido como a visão completa desse processo. Como qualquer outro processo de constituição do enunciado, a predicação tem de ser vista no todo da linguagem, ou seja, dentro da determinação pragmática que rege a produção do "enunciado", na "enunciação".

Assim, vejamos: diante de qualquer peça de linguagem, seja um simples recado seja uma extensa carta, podemos observar que produzir linguagem – "falar", oralmente ou por escrito – é, no básico, "dizer algo sobre algo ou sobre alguém". Ou seja, o processo básico de produção da linguagem é o de "predicar".

Ora, quando um falante se põe a dizer algo, existirá, já na sua mente, um ponto de partida para aquilo que ele vai comentar, ou seja, estará na sua mente um "tema" a respeito do qual ele vai dizer aquilo que quer dizer. Produzir linguagem é, pois, no geral dos casos:

a. montar **predicações** (**sintaxe**) para enunciar algo, havendo em geral um **tema** do qual se quer falar (**pragmática** interna/informação);
b. expressando-se, por aí, um significado (**semântica**);
c. para cumprir algum propósito (**pragmática** externa/comunicação)

E, se voltarmos a pensar na **enunciação**, que foi por onde começamos e por onde encerramos a primeira seção deste capítulo, já podemos lembrar que esse "dizer algo" ocorre necessariamente em uma "interação" linguística, ou seja, estará implicado o uso da linguagem. Essa é a visão funcional do texto, como vem sendo continuamente desenvolvida aqui.

Revisando: assim, a noção de "enunciado" é, na sua origem e na sua chegada, de natureza **pragmática**. Entretanto, para haver linguagem, os enunciados têm de ser regradamente construídos (segundo o sistema da língua), e os modos de construção linguística (**sintaxe**) são muitos e variados. As escolhas para a construção (por exemplo, colocar um termo, ou outro, como **sujeito** de uma oração) é algo que se resolve sempre a serviço daquilo que o falante quer/pretende/deve dizer. Com certeza, a escolha e o arranjo das peças são sempre motivados pelas necessidades e conveniências naquela determinada situação de uso, naquele momento, naquela interlocução, e com aqueles propósitos que motivaram a linguagem. E em qualquer situação esse arranjo é governado pelo sistema da língua.

E novamente especificando: o modo de construir (sintaxe), compondo muito frequentemente orações, está a serviço da expressão dos sentidos (**semântica**), assim como está a serviço do cumprimento dos propósitos do falante (**pragmática**).

Afinal, recapitulando: na oração, uma coisa é o "**tema**" a que a mente se aplica para falar (isso é informativo, é o **pragmático**), outra coisa é o arranjo dos termos na construção do enunciado (isso é o **sintático**). E ainda resta registrar o componente central da linguagem, a **semântica**, que é exatamente o "sentido" daquilo que se diz: é aquilo que vai ser interpretado a partir daquela determinada "construção", com seu determinado "propósito". Ao fim e ao cabo, trata-se da consideração do componente **sintaxe** como, praticamente, a serviço dos demais.

Como exemplo, vamos comentar uma frase que constitui manchete de primeira página de um jornal de São Paulo, em março de 2022:

- *Empresariado* almeja a *sustentabilidade*.

Quanto à informação que a frase dá (visão comunicativa, portanto, pragmática), podemos registrar que ela traz um "tema" ("empresariado"), sobre o qual se dá a informação de que "almeja a sustentabilidade". Por outro lado, quanto ao modo de construção da oração (visão **sintática**), vamos analisá-la dizendo que ela tem:

a. um "sujeito": "empresariado";
b. e um "predicado" (com um núcleo **verbo**): "almeja a sustentabilidade".

Resumo:

Elemento	Empresariado	almeja	a sustentabilidade
Pragmática	"tema" da informação	"*comentário"	
Sintaxe	"sujeito" da oração	sintagma verbal: predicado	objeto direto do verbo

A COMPONENCIALIDADE GRAMATICAL DE SINTAXE E PRAGMÁTICA NA EXPRESSÃO SIGNIFICATIVA DAS PREDICAÇÕES

Continuemos com a frase tomada como exemplo. As análises da construção trazem uma coincidência do "tema" da frase com o "sujeito" da oração, e isso é muito comum no português, embora não seja regra. Há, ainda, e por outro lado, dois aspectos independentes a considerar, na busca da **expressão** das estruturas argumentais dos verbos, o aspecto da **pragmática** (motivador) e o da **sintaxe** (estruturador), com a **semântica** constituindo exatamente aquilo que não pode ser transgredido (o significado):

1. Pela **pragmática**, pode-se apontar que o jornal construiu informativamente (em manchete) o enunciado "*Empresariado* almeja a *sustentabilidade*". Nessa oração existe um "tema" (*empresariado*) ao qual a mente do autor se aplicou para lhe atribuir um "comentário". Vista a frase desse modo, o que está em foco é a sua

natureza comunicativa: a atenção vai para a obtenção de efeito, tendo-se em conta que se trata do gênero "manchete" (que é o anúncio de uma notícia).
2. Pela **sintaxe**, pode-se apontar que, na frase em questão, há uma estrutura linguística (uma "oração") em que um "termo" (o *sintagma nominal _empresariado_) foi colocado como sujeito, sendo atribuído a ele, estruturalmente, um "predicado" (o *sintagma verbal _almeja_), segundo o sistema que regra as construções da língua portuguesa. Desse modo, a manchete está sendo vista pela natureza construcional do sistema do português.

Ainda quanto à consideração dessas duas visões, devemos pôr no ponto de partida das análises o fato de que, embora frequentemente o tema da informação (de natureza comunicativa) e o sujeito da oração (de natureza sintática) coincidam no português (como na manchete comentada), essas duas categorias têm de ser bem distinguidas, teoricamente. Veja-se, por exemplo, que a frase que vem a seguir é perfeitamente possível sintaticamente, entretanto ela não daria uma boa manchete, nem mesmo uma boa frase:

- _A sustentabilidade_ _empresariado_ almeja.

A sustentabilidade	_empresariado_	almeja
tema da informação		sintagma verbal (predicado)
objeto direto do verbo	**sujeito** da oração	

Nessa frase, o tema (aquilo de que se fala) é _sustentabilidade_", e o que dele se diz é que "_empresariado_" a "_almeja_"; por outro lado, o sujeito do predicado não corresponde ao tema, ele está no sintagma nominal "_empresariado_": ou seja, o "sujeito" da oração não é o "tema" de que se fala. Não é verdade, pois, que se possa definir o termo "sujeito" como "aquilo de que se fala", conforme vem sendo continuamente repetido nas definições encontradas em livros didáticos: essa é a definição da categoria **pragmática** "tema", não da categoria **sintática** "oração".

E o que não se pode esquecer, nem mesmo minimizar, no todo da linguagem, é que o componente **semântico** – o sentido – é determinante, é "central", tanto na construção dos enunciados (na consideração **sintática**) quanto na comunicação enunciativa (na consideração **pragmática**). Basta pensarmos que se trata da "linguagem" humana de todos os dias.

Nesse sentido, cabe acrescentar, encerrando o capítulo sobre a predicação, que a língua também compõe frases (unidades comunicativas) que não têm um predicado (e, obviamente, também não têm um "sujeito"), chamadas de "frases nominais", como neste trecho de "Como se perfumar", de Clarice Lispector (texto 1 da Parte II das Atividades do segundo capítulo):

- Uma gota atrás de cada orelha. Outra gota em cada pulso. Uma ou outra na nuca. [...] Uma gotinha nas têmporas. (*Diário da Noite*, 15 de junho de 1960).

ATIVIDADES

PARTE 1
Atividades de análise e reflexão

Atividade 1 – A natureza semântica dos predicados

Este capítulo inicia-se com a proposição de dois direcionamentos básicos para o estudo do processo de predicar em linguagem: (i) o processo de predicar merece tanto um tratamento sintático quanto um tratamento semântico; (ii) a "oração" é a construção sintática básica, pois contém uma predicação. Por aí é que podemos chegar a uma sistematização das propriedades semânticas e sintáticas das orações.

Comecemos por considerar a natureza semântica dos predicados das orações. Para isso, tomemos como ponto de partida o trecho de uma reportagem que conta a história do leite condensado no Brasil.

O leite que condensa o Brasil

Juliana Faddul

[...]

Tudo começou, em termos industriais, em 1856, quando o inventor norte-americano Gail Borden Jr. (1801-74), incomodado com a velocidade com que o leite estragava e contaminava as crianças, desenvolveu um jeito de conservá-lo. O método de Borden consistia em extrair a água do leite, por evaporação, acrescentando uma grande dose de açúcar, o que impedia o desenvolvimento de bactérias e fungos. Disposto em latas bem lacradas, o produto podia ser armazenado por um longo tempo e consumido tal qual era oferecido, ou então diluído novamente em água. As latas do *condensed milk* de Borden ganharam fama nos Estados Unidos, chamando a atenção do Exército, que resolveu adotar o produto como um dos suprimentos dos combatentes durante a Guerra Civil Americana (1861-65).

No Brasil, a história começa na década de 1890, quando se iniciou a importação do Milkmaid, o leite condensado feito pela Nestlé. O sucesso entre os brasileiros fez com que a empresa suíça decidisse produzi-lo aqui mesmo. Há exatamente um século, em 1921, a Nestlé comprou a Companhia Ararense de Leiteria, uma fábrica que havia em Araras, no interior paulista, e no mesmo ano lançou o leite condensado *made in Brazil*, com este nome brejeiro: Moça.

Quatro anos depois, ocorreu a primeira Conferência Nacional do Leite e Laticínios, que reuniu produtores de leite, políticos, entidades governamentais e, claro, a Nestlé. O então presidente da empresa no Brasil, Henri Kuhlman, falou no evento sobre a importância de um "leite puro", citando o leite condensado como alimento nutritivo para crianças "de países quentes", uma vez que tinha mais longevidade. [...]

O Brasil se urbanizava no início dos anos 1920, e também aumentava o ingresso das mulheres no mercado de trabalho, o que levou a mudanças na educação – e na alimentação – das crianças. [...]

A durabilidade do leite condensado, sua versatilidade e a atrativa concentração de açúcar despertaram o interesse da confeitaria brasileira. [...]

Em seu livro, Souza Oliveira explica como a indústria alimentícia teve papel fundamental nas mudanças culinárias a partir dos anos 1960, quando as mulheres começaram a pendular ainda mais entre as atividades domésticas e o mercado de trabalho, já não dispondo de tanto tempo para cozinhar. [...]

Fonte: *Revista Piauí*, nov. 2021, ed. 182. Disponível em: https://piaui.folha.uol.com.br/materia/o-leite-que-condensa-o-brasil/. Acesso em: 26 dez. 2022.

Como vimos ao longo deste capítulo, do ponto de vista do significado, podemos estabelecer quatro classes principais de verbos: 1) verbos de **ação**, que constroem eventos em que se faz alguma coisa; 2) verbos de **processo**, que descrevem o que acontece; 3) verbos de **ação-processo**, que descrevem tanto o que se faz quanto o que acontece; 4) verbos de **estado**, que não dizem nem o que alguém faz nem o que acontece.

a. Encontre, no trecho apresentado, verbos que trazem ao predicado noções de **ação** e de **processo**. Indique as particularidades sintáticas das predicações acionadas por esses verbos.

Os verbos de **ação** e de **processo** geralmente constroem predicados verbais, isto é, predicados cujo núcleo é o verbo, como em "Em seu livro, Souza Oliveira explica como..." e "No Brasil, a história começa na década de 1890...", respectivamente.

Os verbos de **estado** também podem construir predicados (sintaticamente) verbais. Devido a enganos que têm sido cometidos, a noção semântica de "estado" vem sendo associada à categoria sintática de "verbo de ligação". Novamente, como tentamos mostrar ao longo do capítulo, precisamos saber ver noções semânticas em níveis sintáticos. Um verbo de **estado** tanto pode construir uma predicação cujo núcleo é um verbo, isto é, um **predicado verbal**, quanto pode construir uma predicação cujo núcleo não é um verbo, mas um termo **predicativo**, e aí, temos o **predicado não verbal** ("nominal"). Nesse último caso, a predicação se constrói com o que tradicionalmente chamamos de **verbos de ligação**.

b. Identifique no trecho apresentado um caso de verbo de estado que constrói **predicado verbal** e um caso que constrói um **predicado não verbal**.

A lição, afinal – insista-se – é a de que, na análise da língua em uso, precisamos saber operar com os diversos componentes da gramática da língua sem misturá-los, mas vendo-os em interface. No caso da montagem de predicações, isso significa atentar para as propriedades sintáticas no constructo oracional e para as propriedades semânticas dos predicados, entendendo que são a semântica e a pragmática que amplamente conduzem a construção sintática de uma oração.

Atividade 2 – A ativação da estrutura argumental dos verbos

Na seção "A determinação semântica da estrutura argumental dos verbos" deste capítulo, vimos que os verbos da língua podem ser construídos de diferentes maneiras de modo a produzir predicações de diversos sentidos. Isso tem relação com o modo pelo qual os participantes que o verbo pede podem arranjar-se de diferentes maneiras na composição dos enunciados. Aí está, pois, o ponto de encontro entre sintaxe e semântica na construção das predicações: a natureza semântica do verbo determina fortemente (mas não unicamente) o modo pelo qual se arranjam sintaticamente os termos que com ele funcionam para formar uma predicação. Como ilustramos ao longo do capítulo com os verbos *estudar* e *rasgar*, necessariamente há variados arranjos na ativação da estrutura argumental dos verbos.

Tomando essa variedade como ponto de partida, considere, a seguir, as ocorrências do verbo *mudar*, retiradas do *corpus* do Laboratório de Lexicografia da Unesp/Araraquara:

(1) Com nossa chegada, Hélio se mudou para o quarto de sua amiga alemã... (CRE-R)
(2) Ah, daquele tempo para cá, eu mudei muito. (MMM-R)
(3) O tenente ficou embaraçado, viu logo que falava com alguém de alguma importância [...] Por isso mudou a arrogância em bons modos [...]. (AM-R)

Para as ocorrências apresentadas, mostre a ativação da estrutura argumental do verbo *mudar*. (Sugestão: tome por base os esquemas oferecidos para os verbos *estudar* e *rasgar* ao longo do capítulo.) Esse verbo pode figurar no texto com mais de um tipo semântico?

Sugestão de consulta bibliográfica: na seção "Bibliografia comentada" ao final do livro, consta a indicação do *Dicionário gramatical de verbos do português contemporâneo* (Borba, 1990). Consulte o dicionário para verificar a maneira pela qual os verbos são descritos lexicograficamente a partir de suas propriedades semânticas (pelas classes semânticas verbais) e sintáticas (pela estrutura da predicação que acionam).

Atividade 3 – Expressão e não expressão de argumentos

Nem é necessário dizer-se que os textos, em geral, compõem-se com mais de uma predicação, que se combinam na costura textual (a ver nos próximos capítulos). O fato de as predicações se encadearem no texto tem uma implicação importante para o modo pelo qual a estrutura argumental de um verbo é atualizada na construção da linguagem. Pode acontecer de um ou outro argumento ser omitido, isso porque os argumentos são referenciados no texto segundo as necessidades que o falante considere, a cada ponto de seu enunciado, como discutiremos mais adiante neste livro (veja-se o próximo capítulo). E, no exame das predicações que empreendemos aqui, interessa observar o modo pelo qual são gerenciados, no texto, os argumentos verbais.

Nas lições escolares, no estudo dos chamados "termos essenciais" da oração, fala-se sempre do "sujeito oculto", que nada mais é que um argumento verbal, que ocorre em posição de sujeito, que foi omitido, isto é, que não foi expresso. Acontece que o termo "oculto" passa a equivocada ideia de que a linguagem se faz por aquilo que se "mostra" e por aquilo que se "oculta". Obviamente não é assim, porque, como já discutimos (volte-se à seção "O objeto de estudo: a "gramática"" da língua portuguesa vista pelo seu uso, especialmente no Brasil", do primeiro capítulo), o falante é quem escolhe o modo pelo qual ele vai compor os seus enunciados para melhor atingir seus objetivos comunicativos em parceria com seu interlocutor.

Consideremos o parágrafo inicial do conto fabuloso "Especialização", de Millôr Fernandes, já direcionando a atenção para as predicações que formam este trecho de texto.

> **Especialização**
>
> O capataz da fazenda ficou contentíssimo com o décimo candidato que se apresentou ao emprego. Anunciara que precisava de um homem forte e saudável, e aquele era extremamente forte e extremamente saudável. Parecia um cruzamento de sueco com orangotango. Deu-lhe logo uma missão experimental – derrubar um pequeno morro de barro que havia por trás do estábulo. O trabalho devia durar uma semana, mas quando o capataz voltou de uma inspeção pela fazenda, quatro horas depois, o morro já tinha sido arrasado. [...]
>
> Fonte: FERNANDES, Millôr. *Contos fabulosos*. Ilustrações de Angeli. Rio de Janeiro: Desiderata, 2007, p. 146.

Tendo sido feita a leitura do texto, direcione a sua atenção, agora, para os argumentos que compõem as predicações desse trecho.

a. Nesse sentido, identifique os casos em que um argumento verbal não foi expresso (ou seja, foi omitido).
b. A partir daí, indique quais funções sintáticas desempenham esses argumentos não expressos.
c. Pelos fatos que você levantou nas questões anteriores, parece haver uma posição sintática que favorece a não expressão de um argumento?

Esse tipo de reflexão que fizemos sobre o fato de o falante escolher expressar determinados termos e escolher deixar outros sem expressão, no texto, leva-nos a colocar em foco outro processo básico de constituição do enunciado, o processo de **referenciação**, que será estudado capítulo seguinte.

Atividade 4 – A organização temática dos enunciados

O ponto de partida deste capítulo foi a interface sintaxe-semântica no processo de predicação, indo-se aos tipos semânticos verbais e ao acionamento das estruturas argumentais, bem como ao arranjo sintático dessas estruturas na oração (seção "A determinação semântica da estrutura argumental dos verbos" e Atividade 3 deste capítulo). E, a partir daí, discutimos também a interface sintaxe-pragmática na constituição dos enunciados (seção "A face pragmática da predicação" deste capítulo), dirigindo a atenção, particularmente, para o modo pelo qual a informação vem organizada na oração.

Nesse percurso, distinguimos a noção de **sujeito**, que é sintática, da noção de **tema**, que é pragmática, mostrando que, em muitos casos, as duas "funções" são exercidas por um mesmo termo, na oração. Aí pode estar a fonte do equívoco das lições escolares na definição de sujeito como "aquilo de que se fala". Ora, o engano está justamente na tentativa de definir uma categoria sintática, a de **sujeito**, a partir de uma noção pragmática, a de **tema** ("aquilo de que se fala").

É interessante discutir os casos em que um termo funciona como **sujeito** e outro, como **tema**. Quando um termo não é o **sujeito** da **oração**, mas é o seu **tema**, frequentemente ele é deslocado para a esquerda da **oração**, que é a posição em geral ocupada pelo **sujeito**. Essa é uma particularidade construcional do português brasileiro, e ela mais uma vez deixa ver como são interfaceados os componentes sintático e pragmático da gramática.

Novamente, como nas atividades anteriores, voltemos à consideração do processo de predicação na constituição dos textos. Comecemos com a leitura do primeiro parágrafo do conto fabuloso "A explicação", de Millôr Fernandes.

A explicação

O rapazinho telefonou para o professor de filosofia e pediu uma explicação. Aquele negócio da epistemologia criativa com raízes e fundamentos no Ego Absoluto, ele não tinha entendido. Aí o professor, com a clareza dos grandes didatas, começou a explicar o ponto, com precisão e detalhe. O rapazinho ficou satisfeito. Agora, sim, estava entendendo tudo. E estava ainda entendendo tudo quando, misteriosamente, passou a não entender mais nada. O telefone deu uma daquelas. Emudeceu de vez, sem qualquer aviso. [...]

Fonte: FERNANDES, Millôr. *Contos fabulosos*. Ilustrações de Angeli. Rio de Janeiro: Desiderata, 2007, p. 15.

O conto narra uma conversa entre "o rapazinho" e "o professor de filosofia", na qual o aluno liga para o professor para pedir uma explicação, e já na segunda oração do texto temos qual é o conteúdo que causa dúvidas no aluno.

a. Para a segunda oração do texto, indique o termo que funciona como tema e aponte qual a função sintática que ele desempenha na estrutura dessa oração.

Vejamos, a seguir, um caso semelhante de gerenciamento de tema oracional. Passemos, então, para a leitura dos parágrafos iniciais da crônica "Viúva na praia", de Rubem Braga.

Viúva na praia

Ivo viu a uva; eu vi a viúva. Ia passando na praia, vi a viúva, a viúva na praia me fascinou. [...]
O enterro passara sob a minha janela; o morto eu o conhecera vagamente; no café da esquina. A gente se cumprimentava às vezes, murmurando "bom dia"; era um homem forte, de cara vermelha; as poucas vezes que o encontrei com a mulher ele não me cumprimentou, fazia que não me via; e eu também. [...]

Fonte: WERNECK, H. (org.). *Crônicas*. São Paulo: Companhia das Letras, 2005, p. 13.

O primeiro parágrafo é constituído basicamente de orações em coordenação (veja-se o capítulo "O processo de conectar em linguagem"). Podemos observar que cada oração tem um tema diferente – "Ivo", "eu" e "a viúva" – que coincide com o sujeito dos verbos que a nucleariza. No início do segundo parágrafo, o narrador-personagem começa a falar do "enterro" e do "morto".

b. Na oração "o morto eu o conhecera vagamente; no café da esquina", o sujeito sintático e o tema são expressos pelo mesmo termo? Indique o termo que funciona como tema e o que funciona como sujeito nessa oração. Qual a função sintática desempenhada pelo termo que é o tema dessa oração?

Tomados em conjuntos os dois textos desta Atividade, podemos perceber que os arranjos sintáticos de um enunciado, os quais determinam a maneira pela qual a informação vem distribuída, ajudam a construir o próprio andamento temático do texto, o qual é gerenciado no interior de cada enunciado que compõe o texto. Esse ponto da relação entre a organização informacional (pragmática) e a configuração sintática de um enunciado será explorado na Atividade que vem a seguir.

Atividade 5 – A voz verbal vista pela componência sintaxe e pragmática

Terminamos esta seção de atividades direcionando a atenção para a interface entre os componentes sintático, semântico e pragmático na montagem de predicações. Para tanto, vamos examinar um fenômeno da gramática do português fortemente ligado à formação das predicações: a construção de **voz verbal**, especificamente a **voz ativa** e a **voz passiva** (veja-se, também, a Atividade 2 do primeiro capítulo).

As lições escolares têm-nos ensinado que uma oração na voz passiva resulta de uma reconfiguração sintática de uma oração na voz ativa, isto é, o sujeito da voz ativa passa a ser o agente da passiva, e o objeto direto da voz ativa passa a ser o sujeito da voz passiva. Essa lição obviamente tem o seu sentido, mas não chega a penetrar no que significa, em termos de obtenção dos propósitos, um falante escolher construir uma oração na voz passiva ou na voz ativa. Aí está a importância da visão centrada no uso da linguagem.

Como vimos ao longo do capítulo e discutimos nos exercícios anteriores, toda frase tem uma estrutura informacional básica: instala-se um **tema** sobre o qual se diz alguma coisa. Se pensarmos a distribuição da informação numa frase segundo as construções de voz, o que percebemos é que a voz passiva configura um enunciado em que o segundo argumento de um verbo (aquele que teria aparecido na posição de objeto direto na voz ativa) tem mais saliência temática do que o primeiro argumento (aquele que teria aparecido na posição de sujeito na voz ativa). O ponto de partida das análises da distribuição de informação é, pois, sempre o verbo, com a estrutura argumental que ele aciona.

Vejamos o funcionamento da voz passiva na reportagem que se apresenta a seguir.

> **Fóssil de pinguim gigante é descoberto na Nova Zelândia**
>
> *O bicho monstruoso viveu entre 66 e 56 milhões de anos atrás — e era tão alto e pesado quanto um ser humano.*
>
> Se você ficou assustado com o maior papagaio do mundo, descoberto na semana passada, imagine as dimensões do maior pinguim de todos.
>
> O fóssil da nova espécie foi descoberto na Nova Zelândia, o mesmo país do papagaio gigante. O pinguim tinha um metro e 60 centímetros de altura e pesava de 70 a 80 quilos — medidas próximas às de uma mulher adulta, para se ter uma ideia.
>
> A nova espécie foi registrada por uma equipe de paleontólogos do Museu de Canterbury, na região norte do país. O *Crossvallia waiparensis* supera o pinguim-imperador, a maior espécie de pinguim atualmente. A ave ancestral é 40 centímetros mais alta e quatro vezes mais pesada que seu parente vivo.
>
> Os pesquisadores acreditam que o super pinguim tenha existido no Hemisfério Sul e evoluído rapidamente entre 66 e 56 milhões de anos atrás, no período Paleoceno, bem depois da extinção dos dinossauros e dos grandes répteis marinhos. A equipe não encontrou o esqueleto completo do animal, apenas alguns ossos das pernas, porém foi o suficiente para descobrir características valiosas do bicho. Os pés desempenhavam um grande papel na natação, mas talvez eles não estivessem adaptados a ficar de pé como os pinguins modernos.
>
> [...]
>
> Fonte: ROSSINI, M. C. *Superinteressante*. Mundo mais. 14 ago. 2019. Disponível em: https://super.abril.com.br/ciencia/fossil-de-pinguim-gigante-e-descoberto-na-nova-zelandia/. Acesso em: 28 mar 2022.

No texto, aparecem três frases construídas com orações na voz passiva. Já no título encontramos uma ocorrência de voz passiva; o predicado se constrói com o verbo *descobrir*, que é do tipo semântico ação-processo, e que geralmente traz a indicação de "quem descobre" (um **agente**) e de "o que é descoberto" (um **paciente**). Notemos, entretanto, que na oração do título não há qualquer indicação de quem tenha feito a descoberta do fóssil, o termo que ocorreria na função sintática tradicionalmente conhecida como **agente da passiva**.

   a. Recolha do texto uma ocorrência de voz passiva na qual não se expressa o agente da passiva e uma em que esse termo vem expressado.

Ocorre que, na linha do que temos discutido nesta seção, o primeiro argumento de um verbo pode ter uma saliência discursiva/temática tão baixa que o falante simplesmente escolhe não expressá-lo. A voz passiva acaba funcionando como um recurso gramatical que lhe permite configurar tematicamente o seu enunciado de modo a cumprir seus propósitos comunicativos. Nesse entendimento, não faz sentido que as lições escolares insistam na equivocada noção de que uma oração na voz passiva pode simplesmente ser "reescrita" como uma oração na voz ativa e vice-versa.

Voltemos para as duas ocorrências de oração na voz passiva que você identificou para o exercício (a).

> b. A fim de averiguarmos justamente a diferença entre voz ativa e voz passiva, tente reescrever as duas orações da voz passiva em orações na voz ativa. O resultado são peças (frase) linguísticas que dão certo no texto?

Afinal, a lição a que se busca chegar com essas reflexões e essas questões é a de que toda a produção enunciativa é organizada pelo sistema linguístico para atingir algum propósito. A gramática da língua (a portuguesa, neste caso) oferece ao seu falante recursos pelos quais ele pode construir seu enunciado de modo a atingir seus propósitos comunicativos, em relação ao interlocutor. No caso do processo de predicação, que estudamos neste capítulo, é notável a variedade de recursos de que os falantes dispõem, sempre na interface entre os componentes sintático, semântico e pragmático. Estudar a gramática da língua em uso é, nessa medida, uma tarefa centrada no exame da configuração dos enunciados, exatamente nessas interfaces.

PARTE 2
Sugestão de atividades para aplicação na educação básica

Contextualização da proposta: as atividades a seguir não se destinam a nenhuma turma ou fase do ensino básico especificamente. Elas podem ser aplicadas em qualquer série do ensino fundamental ou do ensino médio, desde que sejam feitas as devidas modulações e adaptações. O ponto crucial do que se apresenta é a condução das atividades pelo texto.

As atividades dividem-se em duas partes. Na primeira, o objetivo geral é levar o aluno a penetrar na organização semântica dos textos, neste caso de uma crônica narrativa, a partir de uma reflexão sobre a natureza semântica dos verbos que constroem predicações do texto. Na segunda parte, o objetivo geral das atividades é fazer o aluno perceber que as categorias de tempo e aspecto verbais podem funcionar na organização de diferentes planos narrativos.

Atividade 1 – Tipos semânticos de predicados

O gênero crônica tem uma composição bastante variada, em termos de tipos de sequências textuais de que se compõe: dissertativas, narrativas, descritivas etc. Obviamente todas elas poderão estar em uma mesma crônica, alguma pode predominar (ou algumas) em cada composição, e o conjunto delas dá o tom de cada peça textual.

Cada cronista tem seu estilo, mas um mesmo cronista varia muito quanto à natureza de cada peça que compõe. Vamos trabalhar com esse olhar para os tipos de texto, tomando o início e o final de uma crônica de Antônio Maria, publicada na obra *Vento vadio*. E como, em linguagem, cada opção que o falante/escritor faça se relaciona com todo um complexo de efeitos. Ao observar esses "tipos de texto" que se seguem dentro de uma crônica, nossa atenção será despertada para as características do modo de expressão que encontramos nas construções, exatamente a "gramática".

Tomemos os parágrafos inicial e final da crônica "A procura do trem perdido", já observando que se trata de uma peça essencialmente narrativa.

> **A procura do trem perdido**
>
> De todos os trens da minha infância, o das sete foi sempre o mais importante. Eu assistia à passagem de todos eles: o das cinco, o das dez, o das quatro e o das sete. Todos eles serviam para que eu soubesse das horas. Mas o das sete trazia os jornais, o gelo e os meus tios. O gelo era mais importante que os meus tios e os meus tios mais importantes que os jornais. Havia sorvete quando havia gelo, e meus tios sabiam de notícias que os jornais não publicavam: "Espera-se um levante armado no Rio Grande....", ou então: "Minas está pegando fogo". Receavam que, com a queda de Washington Luís, o nosso primeiro, Sebastião do Rego Barros, fosse também destronado.
> [...]
> Quando acabou de passar, pela última vez, o longo e lento trem da Great Western, eu me senti, afinal, livre e lúcido, forte e só. Acabava de assumir minha pobreza e poderia sair pelo mundo a esbanjá-la.
>
> Fonte: MARIA, Antonio. *Vento vadio*. Pesquisa, organização e introdução de Guilherme Tauil. São Paulo: Todavia, 2018, pp. 42-43.

Vamos começar observando as formas verbais que estão nas predicações do trecho que abre a crônica, segundo o **tipo semântico** de cada uma delas, segundo a noção que cada uma traz a cada construção em que entrou.

Chamamos a atenção para a pertinência dessa análise para que o estudioso possa acompanhar o andamento **semântico** do texto, que é central no estudo funcional da gramática.

Como se viu, as classes semânticas verbais são quatro: verbos de **ação**, verbos de **processo**, verbos de **ação-processo** e verbos de **estado**. Em sequências narrativas, como a que se apresenta acima, é natural que predominem os predicados dinâmicos (de **ação**, de **processo**, de **ação-processo**), pois verbos que constroem essas noções semânticas dão o "andamento" dos eventos na narrativa.

a. Indique as formas verbais do trecho da crônica "A procura do trem perdido" que trazem ao predicado uma **ação**.

Como sempre se tem se aprendido na escola, dentro do predicado está o verbo, mas agora temos de entender melhor o que é que essa classe de palavra representa na interpretação semântica do todo oracional. Para início, e falando de um modo bem geral, o verbo constrói eventos, indicando uma **ação**, um **processo** ou um **estado** que cada predicação constrói.

Temos de levar em conta que a noção semântica de **ação** não implica necessariamente a existência de um **agente** específico capaz de "praticar uma ação", por exemplo, aquilo que se entende bem partindo de uma pessoa ou de um animal; assim, podemos entender que um trem "age", quando nos traz algo e que os jornais "agem", quando publicam notícias. Por outro lado (e pelo contrário), quando se diz que alguém está assistindo a um espetáculo, a referência não é a uma ação sendo praticada, mas é a um acontecimento que se dá, simplesmente alguma coisa que ocorre. Temos aí a noção semântica de **processo**.

    b. Encontre no trecho da crônica verbos que trazem ao predicado a noção de **processo**.

Como também já se tem aprendido na escola, não necessariamente o verbo é o "núcleo" do predicado, porque, essencialmente no caso dos predicados "de estado", essa noção tem de ser recolhida no predicado todo, não centralmente no verbo. Nesse caso, o verbo está na construção fazendo o papel sintático de ligação das noções que constroem essa indicação estativa.

É exatamente o que ocorre na primeira oração da crônica: "De todos os trens da minha infância, o das sete **foi** sempre o mais importante".

Claramente se vê que a forma do verbo **foi** (do verbo "ser") está nessa construção para "ligar" (sintaxe) o predicativo "o mais importante" ao sujeito "o [trem] das sete", e exatamente por isso esse verbo tem sido classificado como "verbo de ligação". E claramente se vê que o "estado" comunicado pode ser apreendido da simples sequência "o das sete foi sempre o mais importante".

Entretanto, de modo algum se pode entender (como parece que vem sendo entendido) que os predicados de estado só se constroem com "verbos de ligação" e com "predicativo do sujeito". Existem verbos que carregam em si uma noção estativa particular, podendo, por si, construir o núcleo de um predicado de estado. Pode-se dizer que há predicados que, em uma classificação "semântica", são "de estado", mas que, em uma classificação "sintática", são "verbais", e não "nominais", porque o núcleo do predicado é o próprio verbo (não algum elemento nominal predicativo).

c. Encontre no trecho da crônica um verbo que seja o núcleo do predicado expressando algum **estado**, não uma **ação** ou **processo**. Ou seja, encontre algum verbo que seja **de estado** (semântica) sem ser **de ligação** (sintaxe).

Atividade 2 – Tempo e aspecto verbais na organização de planos narrativos

Na condução que se fez até aqui, destacaram-se tanto a dimensão significativa (**semântica**), a construcional (**sintaxe**) da classe dos verbos, quanto a composição das orações que compõem o texto.

Além de trazer noções semânticas quanto à natureza dos eventos (se ação, se processo ou estado), qualquer forma verbal também apresenta todo um complexo indicativo de **pessoa**, de **tempo** e de **aspecto**.

As lições escolares geralmente trabalham essas categorias associadas ao verbo por meio de quadros exaustivos de conjugação, como se, para aprendê-las, fosse necessário apenas memorizar uma lista de morfemas. As categorias de **pessoa** e de **tempo** são, com certeza, as que ganham destaque, enquanto a categoria de **aspecto** pouco ou nada é comentada. No caso da categoria de **tempo**, por exemplo, as indicações são, por vezes, um tanto óbvias, dizendo que o tempo presente indica um evento que acontece no momento de fala, o tempo passado, um evento anterior ao momento de fala, e o tempo futuro, um evento posterior ao momento de fala.

Todas essas indicações são obviamente corretas, mas chamamos a atenção para a importância de fazer o aluno ver as categorias de **tempo verbal** e de **aspecto** verbal na compreensão de tudo o que se desenvolve no texto, o que é central para um estudo funcional da gramática.

Tomemos os dois parágrafos iniciais de um conto escrito por Alan Pauls, já considerando que se trata de um texto narrativo.

O direito de ler enquanto se janta sozinho

Ainda estava trêmulo ao estacionar. Ficou com as mãos agarradas ao volante por um momento, o motor ligado, os olhos fixos no túnel negro da rua. Depois, por fim, insuflou um pouco mais os pulmões, como se destravasse um mecanismo, e soltou um jorro de ar interminável, tão profundo, que só então caiu em si: era a primeira vez que respirava desde que cruzara a porta do Samurai, feito um bólido de ódio, e fora para a rua. Dirigira todo o trecho que ia do restaurante até a escola como um sonâmbulo. Estava com os nós dos dedos arroxeados. As unhas deixaram-lhe uma série de sorridentes meias-luas vermelhas na palma das mãos. Desligou o motor, e com o silêncio as formas das coisas voltaram a desenhar-se: as árvores, os carros estacionados no quarteirão, o alambrado do clube, o futurismo fora de moda do edifício da escola.

Como sempre, todas as possibilidades de ação que não lhe haviam ocorrido antes, quando mais precisava delas, assaltavam-no agora como saldos de final de estação. Choviam-lhe réplicas precisas, ao mesmo tempo sutis e agressivas, que faziam o maître do Samurai emudecer e as pessoas que jantavam no local tomarem seu partido. Transformava-se em máquina de argumentar: máquina minuciosa, impassível, tão japonesa quanto esse diminuto súdito do império que acabava de humilhá-lo. Argumentava com tanta convicção que não precisava ser brutal. Nem sequer se defendia. Simplesmente reunia alegações em defesa de uma causa que ia muito além dele, de seu orgulho atropelado, e se tornava universal. E à medida que as desfiava, elegante e frio como um profissional, chegava a dar-se ao luxo de saborear o ensaio que algum dia escreveria sobre o assunto. [...]

Fonte: BRESSANE, Ronaldo (org.). *Esta história está diferente*: dez contos para canções de Chico Buarque. São Paulo: Companhia das Letras, 2010, pp. 13-14.

Em português, a flexão que se costuma chamar de modo-temporal é também aspectual. O pretérito perfeito e o pretérito mais que perfeito do indicativo têm, em geral, a noção de "acabado" ou "completado", indicando aspecto **perfectivo**. O pretérito imperfeito e o presente do indicativo têm, em geral, a noção de "não acabado" ou "não completado", indicando aspecto **imperfectivo**.

a. Destaque no trecho do conto "O direito de ler enquanto se janta sozinho" as formas verbais perfectivas e imperfectivas.

Em textos narrativos o tempo e o aspecto verbais podem ser usados para construir **planos narrativos**. Formas verbais **perfectivas**, como o pretérito perfeito e o pretérito mais que perfeito do indicativo, geralmente, configuram o primeiro plano, no qual se tem a progressão da narrativa (o desenvolvimento dos eventos e o desenrolar dos acontecimentos). Em contraste, formas verbais **imperfectivas**, como o pretérito imperfeito e o presente do indicativo, configuram o segundo plano narrativo, no qual se têm descrições que compõem o "entorno" da linha central narrativa.

b. Com base na sua resposta ao exercício (a), busque as sequências dos pretéritos perfeitos para ver se fica montada exatamente a linha central da narrativa do trecho inicial do conto "O direito de ler enquanto se janta sozinho". E, assim, construa o primeiro plano narrativo do trecho do conto.

O processo de referenciar em linguagem

> **MOTE:**
> É mais do que evidente que, no processamento da linguagem, os usuários da língua negociam o universo de discurso de que falam, assim como negociam os objetos de discurso (referentes) que põem como existentes nesse universo, nos diferentes pontos do enunciado. Isso significa que referenciação envolve interação e, consequentemente, intenção.

EM PRINCÍPIO, AS CATEGORIAS (PRO)NOMINAIS NA CRIAÇÃO E NA MANUTENÇÃO DE REFERENTES/OBJETOS DE DISCURSO

Como já discutido, na base da estrutura argumental que se monta na sintaxe (a partir do verbo) está, relevantemente, a semântica: as casas sintáticas vão sendo preenchidas por elementos nominais que já têm o seu papel semântico definido pelo núcleo verbal que institui a sua "estrutura argumental". Assim, as estruturas argumentais montadas pelos verbos que são núcleo de predicado são preenchidas por participantes daquela "ação", ou daquele "processo", ou daquele "estado" etc., representando os objetos de discurso. Cria-se, pois, com parceria entre os interlocutores, uma rede referencial que se desenvolve (semanticamente) no texto, em ligação com a organização informacional, que é provida pragmaticamente.

Todo texto monta uma rede referencial, ou seja, nele se relacionam semanticamente os objetos de discurso acionados, tecendo a significação textual, de modo que emissor e receptor partilhem e acompanhem esse percurso. Ou seja, o falante vai escolhendo, segundo seus propósitos de comunicação e de busca de carga significativa, os pontos pertinentes de inserção dos *objetos de discurso, no correr do texto, necessariamente avaliando a capacidade de apreensão do(s) seu(s) parceiro(s) de comunicação. A distribuição no texto desses referentes textuais implicada a **sintaxe**, tanto quanto a marcação das relações entre eles, vão sendo governadas dentro das pretensões comunicativas (implicada a **pragmática**), de modo a favorecer a intercompreensão das mensagens (implicada a **semântica**).

ACESSIBILIDADE E INTERPRETABILIDADE NA REFERENCIAÇÃO

No que diz respeito ao sucesso da recepção do texto pelo receptor, a cada ponto em que a referenciação é acionada há duas noções a problematizar: quanto ao produto textual visto na sua produção (foco no emissor), a questão é o grau de acessibilidade referencial; quanto ao produto textual, considerado na sua recepção (foco no interpretante), a questão é o grau de identificabilidade referencial na construção textual. Ou seja: a cada formulação, o emissor deve ter construído a referenciação de modo acessível àquele(s) determinado(s) receptor(es); e quanto à recepção do enunciado, o(s) receptor(es) deve(m) dispor das condições necessárias a cada identificação, no ponto em que ela é solicitada. No primeiro caso, pensa-se na qualidade inerente do texto: ele tem "acessibilidade" (o falante deixou a cadeia referencial "acessível", considerado o interpretante a que ele se dirige); no segundo caso, pensa-se na potencialidade de captação eficiente da referenciação textual.

Acessibilidade e identificabilidade são, pois, as duas propriedades relativas à distribuição de informação que garantem a comunicação bem-sucedida. Aliás, garantem a coerência do texto, um ponto essencial nas reflexões sobre linguagem. E, em se tratando da interpretabilidade em linguagem, o bom acesso e a segura identificação estão sempre ligados à distribuição de informação "dada" e de informação "nova" no *continuum* do discurso. Assim, um texto é bem interpretável quando, da parte dos interagentes, eles compartilham conhecimento e têm noção disso, e, no que respeita à representação do referente na cadeia linguística, ela é de tal modo processada que sua interpretação sempre é apenas a pretendida.

Nesse complexo, fica evidente que existem condições de uso que facilitam ou que dificultam a boa consecução da identificação referencial, e consequentemente, da boa interpretação. A Gramática funcional da Holanda trata a questão em termos de uma disponibilização maior, ou menor, dos referentes para a interpretação referencial: (i) em relação aos participantes, eles disporem, ou não, de informação de longo termo; (ii) em relação à construção do texto, haver, ou não, alguma informação introduzida em segmento precedente; (iii) em relação à situação de fala, haver, ou não, informação perceptualmente disponível na situação. E, inferencialmente, muitas identificações partirão dessas diversas fontes.

A via de sucesso está na garantia de que os referentes ativados pelo produtor do enunciado estejam acessíveis ao receptor. De dois modos esses interagentes pactuam o acesso referencial: (i) em um determinado momento o ouvinte poderá ter de "construir", por si, mentalmente, um objeto de discurso, para corresponder ao termo usado pelo falante em uma determinada construção; (ii) em outro ponto poderá já haver disponível alguma fonte de conhecimento (de natureza vária) que permita ao ouvinte simplesmente "identificar" o que está referido. Sirvam de ilustração, para essa discussão, os comentários feitos na seção "Uma avaliação da disciplina Gramática como item de currículo escolar que contemple a língua 'em função'", do segundo capítulo deste livro, relativos à crônica "Já não se fazem pais como antigamente", de Lourenço Diaféria.

A CRIAÇÃO DE UMA REDE REFERENCIAL DISCURSIVA

A noção de rede referencial implica um determinado andamento, no texto que se vai tecendo, o que significa que os referentes que compõem essa rede se colocam em sucessão, no tempo, em caso de língua falada, e no espaço, em caso de língua escrita. Assim, a identificação de objetos de discurso, operada textualmente, será configurada como uma remissão (uma *anáfora) ou como uma progressão (uma *catáfora). Cabe ao produtor do enunciado gerenciar continuamente essa acessibilidade referencial textual, de modo que haja sucesso na interlocução; o receptor do texto, por sua vez, terá de conseguir mapear conceitualmente a rede referencial do texto que lhe cabe interpretar, para que acompanhe não apenas as significações, mas também a orientação argumentativa do discurso que lhe foi dirigido.

Essa referência ao plano do discurso – indo além da atenção à "textualidade" – é muito importante e merece seu lugar nas lições registradas como de "gramática". Para além da teia do texto, vista como um produto acessível a análises diretamente construcionais, também cabe atenção à visão do texto por sua relação com o discurso que se produz, na organização textual que vai montando remissões e progressões). Está nos estudos específicos (vejam-se obras na "Bibliografia comentada") que a identificação de referentes se faz mais por cálculos inferenciais do que por acesso direto a itens referenciais, entrando em jogo o contexto de enunciação e o conhecimento partilhado entre os interlocutores. Desse modo, a tendência dos estudos produtivos é, cada vez mais, abrigar o componente pragmático (o envolvimento da situação discursiva) nas descrições.

Volte-se à questão inicial desta seção, insistindo em que a relevância da consideração das referenciações textuais – e as retomadas são um bom exemplo – é mais do que semântica, ela é fortemente discursiva (com destaque para a organização da informação), tendo-se de lembrar, sempre, que o percurso fórico das entidades referenciais (de natureza semântica) cruza-se com um percurso informativo (de apoio pragmático), conforme se pode exemplificar com o uso do pronome pessoal "eles" em uma ocorrência da peça de teatro "A semente", de Gianfrancesco Guarnieri, a ser discutida na seção seguinte.

A MULTIPLICIDADE DOS MODOS
DE COMPOSIÇÃO REFERENCIAL DO TEXTO

O texto de "A semente" traz a fala de operários que, querendo defender seus direitos, organizam atividades que são consideradas subversivas, e por isso sofrem repressão. Este é o trecho da conversa de dois dos operários:

- **C:** O negócio é sair a passeata hoje, amanhã apelar para a greve, opinião pública do nosso lado, boró pela imprensa.
  Jo: A greve <u>eles</u> num tão topando muito, não.

Vendo esse trecho isoladamente, qualquer leitor vai considerar que o texto tenha fornecido anteriormente algum sintagma nominal com um substantivo que indique quais são essas personagens que estão sendo retomadas com o pronome *eles*, no trecho em que se narra que "*<u>eles</u> num tão topando muito não a greve*". Entretanto, nenhuma referência aos objetos de discurso aí referidos (exatamente os "operários", os "trabalhadores", que andam fazendo passeata e podem apelar para a greve) está disponível nas falas anteriores a essa que traz a 3ª pessoa do plural masculino: *eles*. E esse não é, no texto, o único caso de tal tipo de referência pronominal (*eles*) sem que haja alguma referência anterior que identifique as personagens. Veja-se que, mais adiante, está este diálogo:

- **Operário 4:** Vocês querem mesmo é arruaça. O homem disse que queria conversá, pois então!
  Ag: É golpe <u>deles</u>, companheiro!

Ocorre que essa peça teatral coloca em cena dois grupos que se opõem, já que, na contraparte desses operários que fazem manifestações, existem os seus "opressores", ou "repressores", que são exatamente aqueles referidos como praticando um "golpe" contra os operários. Desse modo, ficam vivamente presentes, no jogo da composição textual da narrativa, todas as identificações necessárias e suficientes para a interpretação referencial do pronome *eles*.

Isso explica por que, nos textos orais, em que estão vivamente presentes as determinações situacionais, são tão usuais e bem-sucedidas referenciações *anafóricas que não se ligam a referente textual anteriormente expresso. Isso não significa que o texto escrito não admita esse tipo de referenciação. Nos diferentes modos de expressão da linguagem, os expedientes construcionais da língua são multiplamente acionados, dando conta facilmente da infinidade de retomadas referenciais necessárias, desde que esteja provida a acessibilidade. Não se pode entender, por exemplo, que as anáforas se restrinjam ao tipo que vem na frase a seguir (de língua escrita), que costuma vir oferecido nas lições gramaticais como exemplo de retomada referencial:

- Impressionado com a tristeza e o isolamento de Zé Luís, Cesário acercou-se dele. (TER-R)

Assim, nem sempre a retomada referencial é a de um sintagma nominal (unidade que tem natureza descritiva, e que, portanto, tem uma contraparte de significado) e efetuada por um pronome pessoal (que é *fórico ou *dêitico, ou seja, apenas referencial).

A frase que vem a seguir também é de língua escrita, e a remissão textual é de um tipo completamente diferente, mas assemelhado aos encontrados na língua falada:

- **Andam falando** muito do Ford Corcel. (PFI-P)
- É impressionante como **essa gente toda** vive descobrindo coisas sobre o carro. (PFI-P)

Observe-se: vem primeiro um predicado na terceira pessoa do plural, sem registro referencial do sujeito (nem mesmo com o pronome pessoal *eles*: *andam falando*); e na remissão anafórica é que vem um sintagma nominal com o substantivo *gente*, de significado bem geral, e com a indicação de uma abrangência "total" (*essa gente toda*).

REFERENCIAÇÃO TEXTUAL E CATEGORIZAÇÃO DAS ENTIDADES

Uma questão bastante pertinente na discussão da referenciação textual diz respeito à instituição de "categorias" que o falante insere em seu enunciado a cada vez que constrói a expressão referencial com um sintagma nominal (ou seja, com um sintagma que tem um substantivo como núcleo). Ora, usar um substantivo comum para nomear um referente é definir expressamente as propriedades desse objeto de discurso, e, portanto, caracterizá-lo, o que não é o caso, no uso de um substantivo próprio. Tomemos a seguinte frase:

- <u>Valentim</u> lavou a <u>cara</u> e as <u>mãos</u> numa <u>fonte</u>. (TER-R)

São quatro, aí, os sintagmas nominais referenciando objetos de discurso do texto: *<u>Valentim</u>; a <u>cara</u>; as <u>mãos</u>; uma <u>fonte</u>.* O primeiro tem um substantivo próprio, termo que não dá ao leitor nenhuma indicação significativa sobre tal objeto de discurso: não faz a mínima descrição dele, apenas o identifica por um nome que é "dele" (é seu nome "próprio"), porque lhe foi "dado", lhe foi atribuído (e pelo qual ele atende); o contrário ocorre com os outros três substantivos que são núcleo dos sintagmas nominais seguintes: o leitor reconhecerá (ou terá de procurar reconhecer) a noção de uma determinada categoria de coisas, tanto em *<u>cara</u>*, quanto em *<u>mãos</u>*, quanto em *<u>fonte</u>*. Exatamente por isso, esses nomes são chamados de "comuns": por exemplo, o nome *fonte* é "nome comum" a todas as "fontes" que existem (bem diferente do nome *Valentim*, que é "próprio" desse indivíduo citado, porque lhe foi atribuído socialmente, conferindo-lhe uma "identidade" pessoal). Na referenciação textual, *Valentim* é um nome que identifica o nomeado, mas não leva à interpretação ou a nenhuma descrição desse indivíduo ou desse tipo de indivíduo.

CATEGORIZAÇÃO E RECATEGORIZAÇÃO DOS OBJETOS DE DISCURSO NA REFERENCIAÇÃO

Considerando-se que as referenciações feitas por sintagma nominal com nome comum, que são sempre "descritivas" do referente – e considerando-se que elas constituem a grande maioria das referências textuais –, fica evidente que os textos nos apresentam um extenso conjunto de questões a considerar, quando se analisa o processo de referenciação. Merece consideração especial o fato de que, na sequência de um texto, cada objeto de discurso poderá ser referido muitas vezes, e, em cada um dos casos, ele estará em uma condição diferente, em relação ao andamento do discurso. Ocorre que, na sequência do texto, necessariamente se alterarão as condições em que o discurso se desenvolve: haverá novos episódios, novas cenas, novas ocasiões, novos estados de ânimo, novas relações sociais, novas interlocuções etc.; e em cada um desses nichos, diversamente configurados, também ocorrerá mudança na categorização de cada referente que se mantenha como objeto de discurso no texto.

Assim, outro ponto que deve estar sob observação do estudioso, na apreciação do processo de referenciar, em linguagem, é a recategorização, importante ingrediente da progressão discursiva, mesmo porque a cada menção o referente constitui uma peça de avaliação (positiva ou negativa) dos indivíduos e de seus atos, como bem se vê neste exemplo:

- Spiros tinha sido aprisionado pelos turcos. Era quase <u>um menino</u>, não tinha nem pai, nem mãe, nem parentes vivos. Era bem esperto, **o diabinho**. Tinha um brilho nos olhos que prometia bastante. (SPI-D)

A narrativa começa com referência a uma personagem nomeada simplesmente como *menino*, termo que apenas põe o objeto de discurso na categoria "criança do sexo masculino", absolutamente não avaliativa; na sequência, a narrativa se refere a ele como "o diabinho", ou seja, nomeia-o com um nome (substantivo comum) que o coloca em uma classe avaliativamente nomeada: faz, pois, uma recategorização não neutra do mesmo indivíduo, a serviço da narrativa que se desenvolve. A referenciação textual constitui, pois, um forte expediente na condução argumentativa do texto, facilmente governando a condução e a manipulação do enunciado.

E sabemos que esse modo de referenciar, por uma remissão não apenas tópica, mas tematicamente discursiva (e inferencial), é essencial na linguagem, a começar pela nossa fala de todos os dias.

Afinal, pode-se concluir que o processo de referenciação – como tudo, aliás, no processamento da linguagem – leva à indicação de que o estudo gramatical tem de ser conduzido em um exame da "língua" que a veja na "linguagem", porque apenas no uso a língua mostra o seu funcionamento, ou seja, mostra a ativação de sua "gramática", motivada pelas situações de discurso.

ATIVIDADES

PARTE 1
Atividades de análise e reflexão

Atividade 1 – Instituição e manutenção de referentes

Este capítulo se iniciou com a indicação de que o processo de **referenciar** em linguagem diz respeito ao acionamento de **objetos de discurso** na construção de uma **rede referencial textual**. Na base desse processo está o processo de **predicar**, uma vez que os objetos de discurso instalados no texto são, na verdade, argumentos do verbo, os quais se ativam quando se manifesta a relação entre os processos de predicar e referenciar (vejam-se a seção "A determinação semântica da estrutura argumental dos verbos" e a Atividade 3 do capítulo "O processo de predicar em linguagem"). Nesse sentido, o processo de referenciar em linguagem representa o acionamento e a ativação de peças nominais (e pronominais) da gramática da língua.

A respeito da criação das redes referenciais dos textos, é importante considerarmos dois mecanismos: (i) a **instalação/instituição/introdução** de um **referente** (ou **objeto de discurso**); e (ii) a sua **manutenção**. A introdução de um referente, como vimos, diz respeito à sua primeira menção no texto, enquanto a sua manutenção geralmente se dá por **remissão** (**anafórica**) ou **progressão** (**catafórica**). No entanto, nem todo objeto de discurso que é instalado continuará sendo gerenciado ao longo do texto. Nestes casos, temos os objetos discursivos de **menção única**, que fazem parte do todo da rede referencial, mas que, por si não criam uma **cadeia referencial** (seção "A criação de uma rede referencial discursiva" deste capítulo).

Consideremos a fábula "A gansa dos ovos de ouro", já direcionando a atenção para as predicações que compõem os textos e os argumentos que nelas vêm inseridos.

> **A gansa dos ovos de ouro**
>
> Um homem e sua mulher tinham a sorte de possuir uma gansa que todos os dias punha um ovo de ouro. Mesmo com toda essa sorte, eles acharam que estavam enriquecendo muito devagar, que assim não dava... Imaginando que a gansa devia ser de ouro por dentro, resolveram matá-la e pegar aquela fortuna toda de uma vez. Só que, quando abriram a barriga da gansa, viram que por dentro ela era igualzinha a todas as outras. Foi assim que os dois não ficaram ricos de uma vez só, como tinham imaginado, nem puderam continuar recebendo o ovo de ouro que todos os dias aumentava um pouquinho sua fortuna. *Não tente forçar demais a sorte.*
>
> Fonte: ABREU, Ana Rosa et al. *Contos tradicionais, fábulas, lendas e mitos*. Livro do aluno, vol. 2. Brasília: Ministério da Educação, 2000, p. 100.

Essa fábula constrói uma história curta. Nela são introduzidos objetos de discursos, ou referentes, que participam das cenas (predicações) evocadas pelos verbos. Releia o texto e responda as questões a seguir.

a. Encontre no texto pelo menos um objeto de discurso que tem menção única.
b. Identifique no texto algum objeto de discurso que é instituído e, depois, referenciado novamente. Por meio de qual recurso linguístico esse objeto foi retomado?

Atividade 2 – Os expedientes lexicogramaticais na construção da (cor)referência

Na seção "A criação de uma rede referencial discursiva" deste capítulo, assentamos que a noção de rede referencial implica um determinado andamento do texto, ou seja, implica a progressão textual. Nessa medida, uma rede referencial é composta de termos que expressam os referentes do texto. Esses termos tanto podem introduzir referentes no texto quanto gerenciar os termos ocorrentes, mediante expressões referenciais.

Vamos examinar, nesta Atividade, o modo pelo qual se estabelecem essas redes referenciais nos textos, observando a sequência narrativa inicial de uma reportagem a respeito um menino brasileiro cujo sonho era tocar piano. Passemos à leitura da reportagem a seguir.

A balada de Melque

O jovem pianista que nunca viu um concerto ao vivo.

O cearense Melquizedeque Pereira Silva decidiu que seria pianista ao ver o vídeo de uma garota interpretando *Gorjeio da Primavera*, do compositor norueguês Christian Sinding (1856-1941). Ele tinha 13 anos e havia aprendido, um ano antes, a ler cifras musicais e a tocar teclado eletrônico num curso em Fortaleza, sua cidade natal. O padrasto de Silva notou o forte interesse do menino por música e começou a procurar cursos gratuitos. Encontrou o da Casa de Vovó Dedé, que inicia crianças nas artes.

Ao tentar se inscrever, em 2015, Silva teve uma notícia desanimadora: não havia vagas para o curso de piano. Ele resolveu falar com a professora, Regina Barbosa, fundadora da instituição filantrópica. [...]

Regina Barbosa propôs que Silva fizesse o curso teórico até aparecer uma vaga no prático. O adolescente, que nunca tinha se aproximado de um piano, topou. Seis meses depois, quando chegou a hora de estudar no próprio instrumento, ele ficou exultante. Mas também se assustou: as teclas do piano exigiam um toque mais forte dos dedos que as do teclado. Ele tinha pela frente uma tarefa bem mais difícil do que imaginava.

Silva – que os mais próximos chamam de Melque – passou a treinar cerca de seis horas por dia, de segunda a sábado e às vezes no domingo. De manhã estudava piano na Casa de Vovó Dedé, à tarde ia para a escola e à noite praticava em casa, no teclado elétrico. Ao final do primeiro ano, fez seu recital de estreia na escola. Tocou *Melodia em Fá*, do russo Anton Rubinstein (1829-94).

O curso de piano de Regina Barbosa dura de sete a oito anos. Silva concluiu em quatro apenas, em 2020. Estava com 18 anos e prestou vestibular para o curso de música, com habilitação em piano, da Universidade Estadual do Ceará. Foi aprovado em primeiro lugar. [...]

Fonte: COSTA, A. C. *Revista Piauí*, ed. 187, abr. 2022. Disponível em: https://piaui.folha.uol.com.br/materia/balada-de-melque/. Acesso em: 1º abr. 2022.

Comece notando que o protagonista da reportagem é introduzido, no primeiro parágrafo, por meio de um sintagma nominal que traz o substantivo próprio ("Melquizedeque Pereira Silva"), acompanhado da tipificação desse indivíduo como um "cearense" (o nome comum à sua classe, que é a dos nascidos no Ceará). Entre tantas estratégias possíveis para introdução de um objeto de discurso no texto, o narrador escolheu, nesse caso (e para bem compor a sua história), oferecer estas duas indicações: o "nome próprio" (identificador) do indivíduo (com o primeiro nome e com dois sobrenomes) e o "nome comum" pelo qual esse indivíduo pode ser referido ("cearense"), que é o nome que nomeia todos os indivíduos dessa sua classe. Isso significa que, nessa situação de uso (nesse ponto da narrativa), o autor considerou pertinente que os dois tipos de referenciação fossem feitos: o identificador e o tipificador. É com análises desse tipo, funcionais, que se pode dar conta dos usos que compõem os sentidos e os efeitos discursivo-textuais, ou seja, da língua em função.

a. Identifique no texto mais um sintagma nominal com núcleo substantivo comum que faça referência ao Melquizedeque.

Fica bem claro que existe uma diferença extrema entre construir um referente com **SN comum** ou com um **SN próprio**, como já está explicitado na seção "Referenciação textual e categorização das entidades" deste capítulo. Vê-se, no caso, que o substantivo próprio, em princípio, faz a identificação de um referente individualizando-o, enquanto o substantivo comum tanto descreve o indivíduo quanto denomina a classe a que ele pertence: assim nem "Melquizedeque" nem "Silva" trazem alguma contraparte significativa, mas "o cearense", sim, porém sua referência é comum a toda uma classe de referentes, não a um indivíduo ou a um número deles, dentro de uma classe de referentes. Assim, dentro desse texto, na expressão "O cearense Melquizedeque Pereira Silva", o nome próprio faz a identificação de um indivíduo específico, enquanto o nome comum faz a uma descrição dele ("indivíduo nascido no Ceará), mas não é uma descrição particular dele, ela serve para todos os indivíduos da mesma classe. É importante observar que a expressão "O jovem pianista" aparece já no lide da reportagem. Quando o leitor lê o lide, ele ainda não sabe quem é o indivíduo específico de que se trata a reportagem. A única informação que ele tem é que se trata de um jovem pianista.

Por aí podemos ver que as lições escolares sobre a classe dos **substantivos** distorcem a verdadeira natureza do que esses elementos fazem na língua ao postular que os substantivos são os termos que "nomeiam os seres". De um ponto de vista funcional, como é o que estamos adotando nestas lições, os **substantivos** referem-se às entidades, fazendo algum tipo de denominação. (Apontem-se, aqui, a Atividade 3, do primeiro capítulo, e as Atividades 1 e 2 do segundo, que lidaram com a questão dos substantivos.)

Também entram como recursos para a construção de referentes no texto os **pronomes pessoais**.

b. Quais as ocorrências de pronomes pessoais, no texto, que fazem referência a Melquizedeque?

Os pronomes pessoais têm, por natureza, a propriedade de serem **fóricos**, isto é, de remeter a indicação a algo, de fazer referência. No texto que estamos analisando nesta Atividade, todas as ocorrências de pronomes pessoais são casos em que o pronome faz alguma remissão anafórica a um termo já introduzido no texto. No entanto, como discutiremos na Atividade 3 a seguir, os pronomes pessoais podem ser usados, também, para a primeira menção a algo, ou seja, para a introdução de referentes no texto.

Podemos falar, ainda, de uma quarta estratégia gramatical na construção da rede referencial do texto – a **omissão**, ou o **zero** (∅). Nesse caso, ocorre que uma determinada casa nominal não é preenchida na estrutura da sentença, não tem expressão. (Relembre-se, aqui, a Atividade 3, do capítulo anterior, que lida com a expressão e não expressão de argumentos verbais.)

c. Encontre no texto os casos em que há uma casa referencial vazia e determine o referente a que ela diz respeito.

Os **zeros referenciais** geralmente implicam um alto grau de continuidade referencial. No quarto parágrafo da reportagem, vemos que o "Silva" é acionado no início, e que, no restante do parágrafo, ele é retomado (anaforicamente) por zeros: "Silva – que os mais próximos chamam de Melque – passou a treinar cerca de seis horas por dia, de segunda a sábado e às vezes no domingo. De manhã ∅ <u>estudava</u> piano na Casa de Vovó Dedé, à tarde ∅

ia para a escola e à noite ∅ praticava em casa, no teclado elétrico. Ao final do primeiro ano, ∅ fez seu recital de estreia na escola. ∅ Tocou *Melodia em Fá*, do russo Anton Rubinstein (1829-94)".

> **Sugestão para ir além desta Atividade**: ao final desta Atividade, chegamos a um mapeamento das quatro estratégias lexicogramaticais por meio das quais pode-se construir referência no texto: (i) SN próprio, (ii) SN comum, (iii) pronome, (iv) zero. Certamente o assunto não se fecha nesse equacionamento geral. Um caminho para continuar explorando essa questão é verificar quais estratégias são acionadas na **instalação** de referentes e quais são acionadas na **manutenção**. Por aí, podemos chegar ao funcionamento textual-discursivo das redes referenciais.

Atividade 3 – A construção de redes referenciais e o "zero"

Em um texto, podem ser instalados inúmeros referentes, ou objetos de discurso. A análise de um único referente pode nos dar a sua cadeia referencial, explicitando a sua instalação e o modo pelo qual ele é linguisticamente gerenciado no decorrer do texto.

Leia os dois parágrafos introdutórios do capítulo "Cadeia" do romance *Vidas secas*, de Graciliano Ramos, que narra a ida de Fabiano à feira da cidade comprar alguns itens que sua mulher, Sinha Vitória, havia-lhe solicitado. Note que estão destacados apenas os referentes que são introduzidos nesse trecho.

> **Cadeia**
>
> Fabiano tinha ido à feira da cidade comprar mantimentos. Precisava sal, farinha, feijão e rapaduras. Sinha Vitória pedira além disso uma garrafa de querosene e um corte de chita vermelha. Mas o querosene de seu Inácio estava misturado com água, e a chita da amostra era cara demais.
> Fabiano percorreu as lojas, escolhendo o pano, regateando um tostão em côvado, receoso de ser enganado. Andava irresoluto, uma longa desconfiança dava-lhe gestos oblíquos. À tarde puxou o dinheiro, meio tentado, e logo se arrependeu, certo de que todos os caixeiros furtavam no preço e na medida: amarrou as notas na ponta do lenço, meteu-as na algibeira, dirigiu-se à bodega de seu Inácio, onde guardara os picuás.
>
> RAMOS, Graciliano. *Vidas secas.* 120. ed. São Paulo: Record, 2013, p. 26.

Como se nota, esses dois parágrafos iniciais do capítulo são 'povoados' por inúmeros objetos de discurso, alguns dos quais são mencionados apenas uma vez, como é o caso de "o pano", ao passo que outros, como "Fabiano", são retomados e reconstruídos ao longo do desenvolver do texto.

a. "Fabiano" é certamente o referente central e que é retomado com mais frequência no trecho em questão. Partindo a introdução desse referente pelo seu nome próprio, "Fabiano", no início do primeiro parágrafo, construa a rede referencial, no modelo que vem no quadro abaixo, indicando os expedientes lexicogramaticais que atuam nela.

> Fabiano tinha ido à feira da cidade comprar mantimentos. Ø$_F$ Precisava sal, farinha, feijão e rapaduras.
>
> $$\text{Fabiano} \rightarrow \text{Ø}_F \rightarrow ...$$
>
> **Legenda:**
> Ø$_F$ = Zero anafórico de "Fabiano"

b. De que maneira esses recursos contribuem para a construção da personagem "Fabiano" nesse trecho? O que a ausência de sintagmas nominais de núcleo comum, nesse caso, pode significar no que diz respeito à construção da personagem?

Atividade 4 – A categoria "pronome pessoal"

Como vimos neste capítulo (seção "A multiplicidade dos modos de composição referencial do texto"), em geral os pronomes pessoais de terceira pessoa são usados para retomar elementos do texto, ou seja, eles são, via de regra, termos que se ligam a algum referente já introduzido ou referenciado no texto (anafóricos). No entanto, pode acontecer de um pronome pessoal de terceira pessoa fazer a introdução de um referente no texto. Consideremos o trecho inicial do conto "A medalha", de Lygia Fagundes Telles, no qual a personagem é introduzida por um pronome pessoal de terceira pessoa, "ela".

> **A medalha**
>
> Ela entrou na ponta dos pés. Tirou os sapatos para subir a escada. O terceiro degrau rangia. Pulou-o apoiando-se no corrimão.
> — Adriana!
> A moça ficou quieta, ouvindo. Teve um risinho frouxo quando se inclinou para calçar os sapatos, Ih! que saco.
> Fez um afago no gato que lhe veio ao encontro, esfregando-se na parede. Tomou-o no colo. [...]
>
> Fonte: TELLES, L. F. *A estrutura da bolha de sabão*. São Paulo: Companhia das Letras, 2010, p. 13.

O leitor não dispõe de nenhuma descrição a respeito da personagem que é instalada nesse início de texto, tem apenas a informação de que há alguém em cena. Na fala de outra personagem, temos a identificação daquela primeira, por seu nome próprio, "Adriana".

a. Se o pronome pessoal, em si, não traz nenhuma descrição do objeto de discurso, que efeitos de sentido são obtidos quando, como Lygia Fagundes Telles fez em seu conto, uma personagem é introduzia (isto é, mencionada pela primeira vez) por meio de um pronome pessoal?

b. Encontre no texto o único sintagma do trecho que oferece ao leitor uma descrição sobre o "ela" do início do texto. E explique pela gramática por que razão se pode dizer que esse sintagma "descreve", de algum modo, quem entrou na ponta dos pés.

> **Sugestão para ir além desta Atividade:** procure o conto "A medalha" na íntegra e verifique por meio de que outros mecanismos referenciais a personagem introduzida como "ela" é referenciada ao longo do texto, considerando a construção dessas personagens a partir dos termos que a elas se referem.

PARTE 2
Sugestão de atividades para aplicação na educação básica

Contextualização da proposta: os exercícios não se destinam a nenhuma turma ou fase do ensino básico especificamente. Eles podem ser aplicados em qualquer série do ensino fundamental ou do ensino médio, desde que sejam feitas as devidas modulações e adaptações. O ponto crucial do que se apresenta é a condução das atividades pelo texto. O objetivo geral das atividades é levar os alunos a acompanhar a teia referencial do texto, bem como distinguir os recursos gramaticais que o falante utilizou para construir as referenciações.

Atividade – Introduzindo a noção de referência e os recursos lexicogramaticais para a construção da referência textual

Nas diversas atividades de uso da linguagem, falante e ouvinte negociam o universo discursivo em que constroem seus enunciados. Nesse universo, o falante escolhe referir-se a alguma coisa (ou a algumas coisas), cuja identidade se estabelece no próprio texto.

É fácil ver um universo discursivo em sequências textuais essencialmente narrativas, nas quais geralmente se tem a instalação e a manutenção de **participantes** que povoam as cenas construídas por **predicações**.

Com esse olhar, leia atentamente o trecho narrativo inicial de uma reportagem sobre os esforços de cientistas brasileiros para desvendar o mistério da colonização das Américas por meio da análise de material genético histórico. O trecho da reportagem que se oferece a seguir traz a história do cientista que primeiro descobriu como trabalhar com amostras históricas de DNA humano. Dirija sua atenção para o modo pelo qual o escritor da matéria refere-se a esse pesquisador.

> **Em busca dos primeiros**
>
> *Como um novo laboratório capaz de examinar DNA antigo vai ajudar cientistas brasileiros a elucidar o mistério da ocupação das Américas.*
>
> [...]
> Na década de 1980, o geneticista sueco Svante Pääbo conseguiu do Museu Egípcio de Berlim Oriental a amostra de uma criança mumificada há mais de 2 mil anos. Fascinado pelo Egito antigo desde a infância, quando sua mãe o levou para conhecer as pirâmides, Pääbo estava obcecado com a ideia de tentar recuperar fragmentos de DNA de uma múmia. Nos intervalos do seu doutorado na Universidade de Uppsala, no qual se dedicava ao estudo de adenovírus, o geneticista tentou extrair material genético da amostra. Teve sucesso na sua tarefa. Em 1985, relatou na revista *Nature* que conseguira identificar e clonar moléculas de DNA extraídas da múmia egípcia.
>
> Pääbo inaugurou o estudo do DNA antigo e, com sua equipe no Instituto Max Planck de Antropologia Evolutiva, em Leipzig, na Alemanha, onde trabalha há 25 anos, desenvolveu boa parte das ferramentas usadas nesse campo de pesquisa. Ele se especializou no sequenciamento do DNA de linhagens extintas de humanos. Decifrou, entre outros, o genoma dos neandertais, espécie que acabou extinta possivelmente por ter perdido a competição evolutiva com os *Homo sapiens*. Em seus estudos, Pääbo mostrou que os neandertais procriaram com humanos modernos e, mesmo que tenham desaparecido do mapa há 40 mil anos, deixaram uma marca indelével no DNA humano, presente em até 4% do genoma de cada um de nós.
> [...]
>
> Fonte: ESTEVES, Bernardo. *Revista Piauí*, n. 185, fev. 2022, pp. 48-49.

Comecemos notando que os participantes de um evento se resolvem, sempre, dentro de uma **predicação,** configurada a partir de um verbo. Portanto, é dentro dela que podemos **identificar** os **referentes** que um falante **instala** no seu texto. Já na primeira frase do trecho da reportagem, tem-se uma predicação, com o verbo "conseguir", na qual ficam instalados três participantes. Perceba que os **referentes** (**participantes**) introduzidos na reportagem ocupam alguma posição argumental do verbo "conseguir".

Na década de 1980, [o geneticista sueco Svante Pääbo] conseguiu d[o Museu Egípcio de Berlim Oriental] [a amostra de uma criança mumificada há mais de 2 mil anos].

CIRCUNSTÂNCIA	PREDICAÇÃO	
	VERBO	PARTICIPANTES
Na década de 1980	conseguiu	*quem conseguiu* [o geneticista sueco Svante Pääbo]
		o que foi conseguido [a amostra de uma criança mumificada há mais de 2 mil anos]
		a entidade a partir da qual se conseguiu d[o Museu Egípcio de Berlim Oriental]

1. A seguir vem uma série de atividades que você vai cumprir considerando a segunda frase do trecho da reportagem: "Fascinado pelo Egito antigo desde a infância, quando sua mãe o levou para conhecer as pirâmides, Pääbo estava obcecado com a ideia de tentar recuperar fragmentos de DNA de uma múmia".
    a. Identifique as predicações que formam essa frase e determine quais os participantes que as povoam.
    b. Pensando na construção/progressão informativa do texto, foram introduzidos novos participantes com relação aos participantes introduzidos na primeira frase? Quais? Há retomada de algum participante já introduzido? De qual?

É importante atentar para a natureza estrutural dos termos que instalam referentes no texto e a posição que ocupam na sentença. Analisando a primeira frase do trecho da reportagem, podemos notar que as expressões referenciais têm sempre natureza **nominal**, neste caso, **sintagmas nominais** com núcleos substantivos. Observemos o equacionamento a seguir.

conseguir	*quem conseguiu* [o geneticista sueco Svante Pääbo]	sintagma nominal/sujeito
	o que foi conseguido [a amostra de uma criança mumificada há mais de 2 mil anos]	sintagma nominal/objeto direto
	a entidade a partir da qual se conseguiu d[o Museu Egípcio de Berlim Oriental]	sintagma nominal/objeto indireto

Para a análise que faremos daqui para frente, direcionemos a atenção para o objeto de discurso "Svante Pääbo", o **referente** de que se fala centralmente no trecho da reportagem.

O pesquisador é introduzido no texto por meio do sintagma "o geneticista sueco Svante Pääbo", que tem como núcleo um substantivo comum (um especificador de profissão), seguido do nome próprio desse indivíduo especificado. Como vimos, uma das estruturas gramaticais básicas por meio da qual um falante pode introduzir e construir referência no texto é o **sintagma nominal**, que pode ter como núcleo tanto um substantivo comum quanto um substantivo próprio – como é o caso que estamos examinando aqui. Assim, na expressão "o geneticista sueco Svante Pääbo", o núcleo é o substantivo próprio "Svante Pääbo" e o termo "o geneticista sueco" faz uma especificação quanto à sua profissão.

É interessante notar que um **substantivo próprio** geralmente **identifica** um indivíduo. No caso da reportagem que estamos examinando, no entanto, o jornalista pode pressupor que o seu leitor não conseguirá chegar a uma identificação plena de quem seja Svante Pääbo, e, assim, a fim de prover informações que permitam ao leitor criar uma imagem desse referente, o jornalista faz uma qualificação de quem é a pessoa de quem ele fala.

2. Pensando que o texto é uma reportagem que busca apresentar ao leitor os desenvolvimentos de uma pesquisa científica e sobre as pessoas envolvidas nessa pesquisa, por que o jornalista pode ter escolhido referir-se ao cientista pelo seu sobrenome, e não pelo seu primeiro nome, no início do segundo parágrafo?

Outro modo de construir referenciação no texto pode ser pelo uso de um sintagma nominal cujo núcleo é um substantivo comum.

3. Encontre, no texto, um sintagma nominal cujo núcleo é um substantivo comum que faz referência a "Svante Pääbo".

É importante notar que o leitor do texto já sabe que o pesquisador é um geneticista, porque no início do texto o escritor já havia apresentado essa informação. Quando o jornalista usa um sintagma nominal cujo núcleo é um **substantivo comum** para fazer referenciação textual, ele alcança algum tipo de descrição a respeito do referente, afinal é isso que um **substantivo comum** faz – ele tanto **denomina** quanto **descreve** uma classe de referentes. No caso do termo usado pelo jornalista para se referir a Svante Pääbo, o substantivo "geneticista" denomina um profissional que atua na área da genética.

Podemos falar, ainda, de duas outras estratégias gramaticais que são usadas para construir referenciação: os **pronomes pessoais** e o **zero**.

4. Encontre, no texto, dois casos em que o pesquisador Svante Pääbo foi referenciado por meio de um **pronome pessoal**.

Tem-se aprendido nas lições de livros didáticos escolares que o **pronome pessoal** faz as vezes de um substantivo ou pode substituir um substantivo. Como estamos vendo aqui, essa noção de pronome pessoal é completamente equivocada. Um **pronome pessoal**, na verdade, tem a mesma **distribuição** de um **sintagma nominal** e é um elemento capaz de fazer referência pessoal (tem natureza **fórica**). Assim, na frase "Ele se especializou no sequenciamento do DNA de linhagens extintas de humanos", o pronome "ele" está na posição de um argumento do verbo "especializar-se" e faz **referência anafórica** ao pesquisador Svante Pääbo.

Outro mecanismo referencial que pode fazer anáfora é o **zero**, isto é, a **não expressão** de um termo. Para fins de representação, vamos usar o símbolo "∅" para indicar a posição na qual um termo nominal não foi expresso. No trecho "Nos intervalos do seu doutorado na Universidade de Uppsala, no qual ∅ *se dedicava* ao estudo de adenovírus...", o argumento sujeito do verbo "dedicar-se" foi omitido, mas o leitor consegue reconhecer que esse argumento é o pesquisador Svante Pääbo.

5. Leia novamente o segundo parágrafo do trecho da reportagem e faça um mapeamento dos recursos pelos quais o escritor referiu-se ao pesquisador Svante Pääbo.
6. Há algum caso de **zero** (∅) que faz referência ao cientista?

Observemos que as duas estratégias de que estamos falando agora diferem radicalmente do sintagma nominal com núcleo substantivo. Isso porque, enquanto os sintagmas nominais com substantivo fazem algum tipo de **descrição (substantivo comum)** ou de **identificação (substantivo próprio)**, os pronomes pessoais e o zero fazem a **identificação textual** de um referente.

Podemos resumir a lição desenvolvida nesta parte com as seguintes indicações:

a. a referenciação textual é um processo que se resolve pela expressão nominal;
b. são quatro as estratégias gramaticais para construção de um sintagma referencial no texto (sintagma nominal de núcleo comum; sintagma nominal de núcleo próprio; pronome pessoal; zero);
c. cada uma dessas estratégias implica efeitos de sentido muito particulares e a escolha que o falante faz por uma ou outra na montagem dos textos também constrói significação.

O processo de conectar em linguagem

> **MOTE**
> Os estudos sobre coesão textual assentam a noção de que conjunção (ou junção) é um processo textual (coesivo): é a relação semântica (difícil de definir em termos claros) que existe entre o que vem depois e o que vem antes em um enunciado, seja qual for a sua estruturação construcional. Fica abrangido o conjunto de relações semânticas estabelecido entre as porções de texto dos diversos níveis de construção: orações simples, complexos oracionais, trechos de texto, simples palavras. São também inúmeros os expedientes que operam essa junção, não se trata somente do uso das já denominadas **conjunções**.

EM PRINCÍPIO, A CONJUNÇÃO DE SIGNIFICADOS

Neste livro começamos a exposição sobre os processos de constituição do enunciado pelo estudo da predicação, que é o processo básico pelo qual se constroem as "orações": as unidades que instalam o domínio da sintaxe. Cada oração é um constructo dentro do qual os termos assumem funções sintáticas, ativadas a partir de um predicado, que sempre abriga um termo da categoria "verbo" (embora nem sempre o verbo seja o núcleo desse predicado, como já se discutiu, na seção competente).

Em seguida (e em relação com a predicação) foi tratado, aqui, o processo de referenciar, que compreende a montagem das referenciações que se operam quando as predicações são ativadas: com esses referentes criam-se os objetos de discurso que 'povoam' os textos.

Agora complementamos essa visão básica da constituição dos enunciados dirigindo a atenção para o terceiro grande processo envolvido, o de (con)junção. Ou seja, agora a atenção vai para os mecanismos específicos de conexão das peças que compõem os enunciados, tanto no interior de cada oração quanto no nível maior do texto. Um ponto central a observar é que, considerado o nível interno da oração, trata-se de uma relação semântica, sim, entretanto governada pela sintaxe que regra essa unidade, enquanto, no nível textual, trata-se da conexão que organiza o sentido textual.

O caso é que qualquer um dos processos de constituição do enunciado ativa relações semânticas entre as partes, ou seja, envolve a composição do sentido, não importa qual seja o nível considerado. No caso específico do processo de junção, fica muito evidente, nas análises, que é diferente lidar com o nível interior à oração (no qual, além das relações semânticas, há amarração das relações sintáticas) e o nível do texto (no qual as junções se resolvem por relações semânticas).

É essencial a noção de que a linguagem constantemente contrai a conexão de suas partes para além da sintaxe, portanto, sob governo da semântica, e é a isso se dá o nome de "coesão": trata-se da conexão semântica que se estabelece entre os diversos tipos e os diversos níveis de segmentos, compondo um "texto", e que se opera de formas diversas em cada texto. Em primeiro lugar, a (con)junção textual não necessariamente é ativada por um item com carga semântica juntiva, sendo possível que outras determinadas operações gramaticais resultem indiretamente no amarramento semântico do texto. Assim, por exemplo, uma junção de natureza temporal (ou causal, ou condicional) que se opera em um texto não necessariamente resulta do uso de marcadores especificamente juntivos, como, por exemplo, uma "conjunção".

OS MODOS DE EXPRESSAR A (CON)JUNÇÃO TEXTUAL

Afinal, a noção de base da "coesão textual" não necessariamente tem ligação direta com determinados itens que sejam, em si, coesivos. Na verdade, a coesão do texto se constrói sobre o fato de o significado de uma determinada peça em uso pressupor a presença de outros elementos que estão no discurso, provendo-se por aí a organização semântica do texto. É assim que, nesta seção do livro, estaremos lidando com uma grande diversidade de itens da língua, alguns deles intrinsecamente juntivos – como as denominadas "conjunções" coordenativas –, outros não. Por exemplo, para haver uma junção temporal, não necessariamente haverá um conector temporal: veja-se, na frase seguinte, a conjunção coordenativa aditiva *e* fazendo uma subsequência temporal que simplesmente resulta da adição expressa:

- Bem, bem, já a deixo em paz. Até amanhã. Procure dormir. **E** saiu. (ACA-R)

Na verdade, a marcação juntiva se expressa por diversas classes gramaticais da língua: por exemplo, tanto o advérbio temporal **depois**, quanto a expressão adverbial temporal **em seguida**, quanto a oração adverbial temporal **quando souberam do fato** expressam junção de subsequência, e, além disso, essa noção pode ser obtida com a própria forma verbal **seguiu-se**, como nesta oração:

- – Estou à sua disposição – disse ele, sempre como que em sonho. **Seguiu-se** um longo silencio. (MCA-Tr)

Outra questão de grande peso funcional é que podemos expressar uma junção (temporal ou causal, por exemplo) não apenas no plano de uma transmissão de "conteúdo" significativo em narrativa, como ocorreu nesses dois casos exemplificados. Pode ser, por exemplo, que a relação juntiva não apenas arrole conteúdos, mas também traga carga *retórica ao enunciado, o que constitui um dado muito relevante, na visão da organização textual. É o que faz, na frase seguinte, o advérbio *depois* (na base, um temporal), usado, no caso, para marcar conclusivamente que a seguir virá um argumento forte para o que é defendido:

- O: (Para Suzana) – Olha aqui menina, acima de tudo compostura! T: – E <u>depois</u>, você quase estragou tudo quando me agrediu... (DEL-D)

Claramente se percebe que, nesse caso, a subsequência não é de noções, é de propostas, ou seja, há aí uma tese que se defende, não uma narrativa ou uma exposição neutra de fatos. Mais uma vez se vê que a visão gramatical dos fatos não se reduz a interpretações rasas e superficiais, sendo necessário que, a partir da forma daquilo que está sendo dito, a interpretação penetre na funcionalidade daquilo que está expresso (sempre um "discurso").

A (CON)JUNÇÃO TEXTUAL E A ORGANIZAÇÃO "TÁTICA" DO ENUNCIADO

Outra questão a considerar com grande relevância, no estudo do processo de junção textual, abriga as noções de coordenação e de subordinação, noções de base construcional, mas carregadas de significado. Elas se ancoram na noção básica de *táxis* (que foi por onde esta seção começou), ou seja, na noção de "colocação", definindo-se ou por um simples "lado a lado" (a *parataxe) ou por uma relação de dependência relativa entre níveis (a *hipotaxe). Temos, assim, uma relação "por continuação", no caso da *parataxe, e uma relação "por dominação", no caso da *hipotaxe. Não que seja necessário levar esses termos aos estudantes dos primeiros níveis de estudo da gramática, entretanto os professores têm de dominar tais conceitos para distinguir pertinentemente as relações de junção. Nas lições gramaticais, essas noções vêm tradicionalmente rotuladas como de **coordenação** e de **subordinação**, em geral sem que se tenha a devida atenção para os diferentes níveis da "dependência" que está subentendida no termo **subordinação**.

Assim, toda **coordenação** é uma *****parataxe**, é um "lado a lado" que representa "continuação", não implicando nenhuma "dominação". Entretanto, nem tudo aquilo que tradicionalmente se denomina como **subordinação** pode ser interpretado da mesma maneira:

1. Há uma **subordinação** que se resolve exatamente pela *****hipotaxe**, caso em que um termo "domina" o outro, ou seja, em que esse outro funciona como um satélite que circula em torno daquele que é o "núcleo" dominante, de tal modo que, sem o seu satélite (sem o seu termo hipotático), o outro termo (o nuclear) continua completo. Volte-se a esta frase:

- *Você quase estragou tudo quando me agrediu...*

- Nele há a oração nuclear
  E depois, você quase estragou tudo...

que está completa, como "oração" (tem todos os termos que integram um "predicar"), só não traz a informação acessória de "tempo", informação que está na oração hipotática, ou dependente (adverbial) *quando me agrediu*, oração que é apenas um "satélite" de indicação temporal.

2. Por outro lado, há, também, um tipo de **subordinação** que implica mais do que uma simples "dominação" (relação entre um núcleo e um satélite), operando um "encaixamento" sintático de termos. Veja-se a frase transcrita a seguir:

- *O homem disse que era praxe* (FSP)

Se a frase ficar reduzida à primeira oração (*O homem disse*), ela estará truncada, porque a segunda oração (*que era praxe*) constitui um membro obrigatório para a inteireza da primeira (com a função de "objeto direto" dela). Assim, essa segunda oração não é acessória, não é puro satélite, é um membro "integrante" da primeira oração, pois, sem ela, a porção anterior não teria a completude de uma "oração".

As construções do primeiro grupo, classificadas como "*hipotáticas", são as tradicionalmente denominadas "subordinadas adverbiais": temporais, causais, condicionais, concessivas etc. Exatamente por sua relativa independência sintática (o não encaixamento), elas merecem um olhar bastante interessado voltado para o discurso: por exemplo, qualquer uma dessas orações, quando colocadas no início da construção, pode ser vista por sua capacidade de criar uma moldura de referência que se abre para enquadrar aquilo que vem expresso na oração seguinte, (a nuclear), o que demonstra que a presença dela tem valor captado na organização discursiva.

Assim, por exemplo, em

- Quando você entrou, Alexandre, eu acabara de entregar ao pai o prato com comida. (ML-R)

o fato narrado a "Alexandre", que é o da "entrega do prato de comida ao pai", já nasce, no ato de fala, dentro da moldura temporal na qual se insere o momento da conversação em que o interlocutor (referido como **você**) entrou no local. Do mesmo modo, em

- Se você disser mais uma palavra, fica sem janta! (BH-R)

a ameaça de o interlocutor ficar "sem janta" já vem emoldurada pela possibilidade eventual de ele "dizer mais uma palavra".

A (CON)JUNÇÃO TEXTUAL E A ORGANIZAÇÃO INFORMATIVA DO TEXTO

É necessária, pois, uma análise menos grosseira desses casos de "interdependência" das orações adverbiais (hipotáticas) em relação à sua oração nuclear, nos casos da tradicionalmente chamada **subordinação adverbial**. Com certeza essa visão funcional das orações hipotáticas enseja a produção de exercícios "gramaticais" que permitam penetrar, vantajosamente, em um trato efetivo com o real "fazer" da linguagem. Por exemplo, voltemos a essas duas construções que ilustraram a existência de "molduras" adverbiais e facilmente verificaremos que tais orações do tipo "satélite" (as adverbiais) são termos dependentes, dentro da predicação nuclear; elas não são termos "essenciais", e por isso se constroem como "encaixadas" na sua oração nuclear. Assim, tanto a oração nuclear (negritada) em

- Quando você entrou, Alexandre, **eu acabara de entregar ao pai o prato com comida**. (ML-R)

quanto a oração nuclear (negritada) em

- Se você fizer isso, **acaba fazendo coisa pior**. (GTT-Cr)

são orações completas, do ponto de vista sintático (além de semântico, obviamente), que independem, pois, da existência da oração (hipotática) condicional.

Acresce, ainda, na multiplicidade de arranjos possíveis desses enunciados, que uma "moldura" adverbial desse tipo pode ser lançada, no início de um enunciado, sem que haja, a seguir, a expressão de uma "cena" que estaria emoldurada por essa condicionalidade expressa na moldura. É o que se vê nesta frase:

- Ah! **se** ela, ao menos, pudesse ajudá-lo! (PRE-R)

E todos sabemos que essas são construções muito frequentes.

Indo-se adiante nessas observações de âmbito discursivo, pode-se ver que, do mesmo modo que, ao virem antepostas, as orações hipotáticas em geral constituem "molduras" informativas, ao virem pospostas elas podem desgarrar-se de sua oração nuclear, passando a constituir "adendos" informativos, com grande força pragmática, como neste trecho:

- Nada de solidariedade social mais cerrada acompanhando a divisão do trabalho, como em Durkheim. **Porque não é de interdependência que se trata, mas sim de reciprocidade**. (RBS-T)

E até em coautoria se encontra esse tipo de arranjo textual que torna construcionalmente independente uma "oração adverbial", como neste diálogo, em que o enunciado da personagem Celestina tem apenas a "oração condicional":

- ADRIANO – Meu editor me espera daqui a pouco para ajustar comigo o preço de uma composição que ontem lhe enviei [...].
  CELESTINA – **Se** tudo isso se puder realizar... (PRC-D)

A grande importância dessas considerações, na visão da junção textual (que é um relevante aspecto da "coesão") está em que questões de estratégias de negociação entre falante e ouvinte no discurso podem inspirar exercícios gramaticais de base discursivo-funcional, que serão inspiradores para estudantes, no sentido de levarem a uma exercitação que claramente põe sob análise a língua em função.

Há a acrescentar que o estudo funcional do processo de "(con)junção", em linguagem, permite uma interessante oportunidade de contemplar a visão da fluidez da linguagem, noção essencial na consideração gramatical da língua. Considerada a real hierarquia existente na relação entre orações, não é possível partir de uma noção de fronteiras rígidas entre coordenação e subordinação. Ora, se de um lado nenhuma oração é totalmente independente de seu contexto oracional imediato (com sua temporalidade, sua condicionalidade, sua causalidade, sua concessividade, seu propósito, sua razão), de outro lado a análise funcional permite que se perceba alguma relação icônica entre a integração dos eventos (que a linguagem expressa) e a integração das orações que constroem os enunciados (que expressam esses eventos).

ATIVIDADES

PARTE 1
Atividades de análise e reflexão

Atividade 1 – A construção da coesão textual pelo processo de junção

A tese central que desenvolvemos ao longo deste capítulo é a de que o processo de junção é, por natureza, semântico, cuja definição pode ser difícil de se oferecer claramente. Na base desse processo, está a conexão entre as peças que compõem os enunciados tanto no interior da oração quanto em níveis maiores de funcionamento do texto.

Nesta atividade, vamos voltar nossa atenção a alguns elementos linguísticos que podem fazer a junção de peças componentes de enunciados (como discutimos nas seções "Em princípio, a conjunção de significados" e "Os modos de expressar a (con)junção textual"), já direcionando o exame para o funcionamento dessas expressões juntivas em diferentes sequências textuais.

Iniciemos pela leitura de dois trechos do livro *História da vida privada no Brasil*. O primeiro trecho, descritivo, fala do desenvolvimento dos hábitos cotidianos no Brasil colônia; o segundo trecho, argumentativo, oferece o ponto de vista do autor do texto sobre como proceder ao estudo das transformações sociais na sociedade familiar brasileira dos séculos XV a XIX.

> **Trecho 1 – Condições da privacidade na colônia**
>
> Para entender-se os primórdios de um sentimento de intimidade no Centro-Sul da América portuguesa, é obrigatório reportar-se aos hábitos cotidianos desenvolvidos pelos sertanistas de Piratininga: <u>num primeiro momento</u>, distanciam-se dos trazidos da mãe-pátria europeia, e adotam os próprios às populações indígenas da região; <u>em seguida</u>, começam a desenvolver hábitos compósitos, nos quais a mescla repousa sobretudo no processo analógico, que seleciona, na cultura adventícia, os elementos que se harmonizam melhor com a cultura original. <u>Num terceiro momento</u> – e o ponto de referência é sempre Sérgio Buarque de Holanda – ocorre a adoção de hábitos europeus [...] (p. 24).
>
> **Trecho 2 – Famílias e vida doméstica**
>
> Tratava-se de um mundo efetivamente muito diferente do nosso, que não parou de se transformar entre o século XV e o início do século XIX. É preciso, <u>primeiro</u>, entrar nesses domicílios e buscar fragmentos da intimidade dos indivíduos e da vida doméstica propriamente dita, muitas vezes impressos em resquícios da vida material e dos costumes domésticos, tecendo assim algumas relações entre o domicílio e os indivíduos que ele abriga. <u>Num segundo momento</u>, cabe delinear certas formas de relacionamento existentes entre os membros do domicílio ou de uma mesma família. [...] (p. 46)
>
> Fonte: MELLO E SOUZA, L. (Org.). *História da vida privada no Brasil*: cotidiano e vida privada na América portuguesa. São Paulo: Companhia das Letras, 1997, v. 1.

Em ambos os casos, nota-se que as expressões destacadas realizam junção entre porções textuais, fazendo alguma indicação temporal. Na verdade, a marcação da junção se expressa tanto por expressões adverbiais, como "em seguida", "num primeiro momento", quanto apenas por uma expressão numeral, como "primeiro".

É importante considerar, no entanto, que a ordenação temporal que essas expressões fazem se resolve de diferentes formas nos dois trechos, podendo sugerir apenas uma sucessão de evento, ou podendo sugerir um ordenamento lógico na sequenciação dos itens. Responda:

a. Como ficam configuradas, nos dois trechos anteriores, esses dois tipos de ordenação temporal?
b. E, como discutimos ao longo deste capítulo, o que faz com que os itens em destaque sejam, por natureza, coesivos?

Atividade 2 – O modo de construção da coordenação aditiva com *e*

Como discutimos na seção "A (con)junção textual e a organização "tática" do enunciado", a **coordenação** é uma **parataxe**. Tradicionalmente, a coordenação se resolve em três categorias semânticas: a coordenação **aditiva**, marcada especialmente pela conjunção *e*, a **alternativa**, marcada especialmente pela conjunção *ou*, e a **contrastiva**, marcada especialmente pela conjunção *mas*.

Cada um desses tipos semânticos de coordenação apresenta suas particularidades construcionais, isto é, apresenta particularidades no modo pelo qual se constroem os enunciados. Nesta atividade, vamos voltar a atenção para os modos de construção da coordenação aditiva com a conjunção *e*.

Comecemos com a leitura de um trecho de uma coluna jornalística escrita por Clarice Lispector, no início da década de 1960, voltada ao público feminino, em que ela discute os benefícios de os pais conhecerem seus filhos e de neles prestarem atenção.

Orientação aos filhos

Há pais que não conhecem os filhos, mas ficam surpresos ao constatar a diferença de comportamento da criança em casa, na presença dos pais e no meio de estranhos. Por isso a maioria dos pais estabelece um modelo para seu filho e o veste com essa roupagem, julgando que ele sempre procederá assim, sem contar com as reações da criança, em face das experiências que vai adquirindo e dos conhecimentos novos.

É de toda conveniência que os pais estudem detidamente os filhos e não caiam no erro de colocar-lhes rótulos, pois a criança é um ser em formação, e está sempre se transformando.

A criança tem necessidade de se afirmar e é no lar que mais facilmente poderá consegui-lo, com os irmãos, pais e demais pessoas da sua intimidade. Com as visitas, quer sejam amigos, parentes, ou desconhecidos, ela procurará mostrar-se amável e atenciosa, para merecer estima e atenção.

[...]

Uma criança bem compreendida em seu próprio lar tem as melhores armas para vencer na vida, quando tiver que enfrentá-la.

Fonte: *Correio da Manhã*, 5 de agosto de 1960.

São notáveis, no texto, as várias ocorrências de coordenação aditiva com a conjunção *e* (todas sublinhadas). De um ponto de vista semântico, pode-se indicar que o *e*, como conjunção coordenativa, "evidencia exterioridade e independência entre os [...] segmentos coordenados", ficando marcada uma simples adição de um segmento a outro.

Do ponto de vista construcional, essa conjunção pode somar elementos em todos os níveis da constituição textual: sintagmas (nível **intraoracional**), orações (nível **interoracional**) e frases (nível **interfrasal**).

a. Vamos começar identificando os casos em que a conjunção *e* faz junção de elementos no interior da oração, isto é, no nível intraoracional: indique qual a função sintática do sintagma em que você encontrou essas adições coordenativas.

Como você deve ter percebido, no nível **intraoracional**, a conjunção *e* pode somar tanto sintagmas, como em "em face das experiências que vai adquirindo e dos conhecimentos novos", quanto palavras, como em "para merecer estima e atenção".

No nível **interoracional**, a conjunção *e* pode somar tanto orações independentes quanto orações subordinadas.

b. Encontre, no texto, uma ocorrência de junção **interoracional** entre orações independentes e entre orações subordinadas.

No nível **interfrasal**, a conjunção *e* pode somar dois enunciados, isto é, duas peças que apresentam uma força ilocucionária.

c. No texto, há uma ocorrência de conjunção *e* somando duas frases. Identifique essa ocorrência no texto e especifique a natureza da força ilocucionária desse enunciado com a conjunção *e*.

> **Sugestão para ir além desta atividade:** por limitações de espaço, nesta atividade focamos apenas nas propriedades construcionais da coordenação aditiva com *e*. Sugerimos que você, por conta própria e seguindo o roteiro desta atividade, procure textos com ocorrências de conjunção alternativa e contrastiva e, assim, faça uma breve descrição dos seus arranjos construcionais. Um bom caminho para começar na procura de ocorrências é consultar *corpora* eletrônicos (veja-se a "Bibliografia comentada").

Atividade 3 – A conjunção coordenativa alternativa na realização de ato de fala

Na Atividade 2, procedemos a uma breve descrição dos modos pelos quais podem ser feitos os arranjos construcionais com a conjunção coordenativa aditiva *e*, apontando que ela pode fazer conjunção em todos os níveis de constituição do texto. Essas indicações, no entanto, não se restringem à coordenação aditiva, podendo ser estendidas a outros tipos semânticos de coordenação. Nesta atividade, vamos direcionar a atenção para a conjunção alternativa *ou* fazendo junção interfrasal, isto é, entre dois enunciados.

Comecemos examinando um trecho da peça *Auto da compadecida*, de Ariano Suassuna. Nesse trecho, estão conversando João Grilo e Chicó sobre o fato de a mulher do padeiro o trair.

> João Grilo — É a mulher, Chicó, e você sabe muito bem disso. Você mesmo sabe que a mulher dele...
> Chicó — João, fale baixo, que o padre pode ouvir. Essas coisas num instante se espalham!
> João Grilo — Deixe de besteira, Chicó, todo mundo já sabe que a mulher do padeiro engana o marido!
> Chicó — João, danado, **ou** você fala baixo **ou** eu esgano você já, já.
>
> Fonte: SUASSUNA, Ariano. Auto da compadecida. NEWTON Jr., Carlos. (org.) *Teatro completo de Ariano Suassuna*. Rio de Janeiro: Nova Fronteira, 2018, p. 63.

Como vemos, Chicó está tentando fazer que João Grilo não 'dê com a língua nos dentes', espalhando um segredo. Na sua primeira fala, no trecho, Chicó pede, sem sucesso, que João Grilo pare de falar do assunto. Até que, na última fala do trecho, Chicó constrói o enunciado "João, danado, **ou** você fala baixo **ou** eu esgano você já, já".

   a. Esse enunciado configura, em si, um ato de fala (nos termos do que desenvolvemos no primeiro capítulo). Qual é esse ato de fala?

Do ponto de vista de sua construção linguística, a fala de Chicó tem duas partes coordenadas por *ou*: (1) "<u>ou</u> você fala baixo" (2) "<u>ou</u> eu te esgano". Enquanto o primeiro segmento traz uma ordem, o segundo segmento coordenado por *ou* constitui, na verdade, a consequência de João Grilo não falar baixo.

b. Por meio de que relação coordenativa fica construída a lista apresentada no segundo segmento com *ou*? As opções que se alternam para escolha ("ou x... ou y") podem ser entendidas em termos de condicionalidade?

> **Sugestão para ir além desta atividade:** ao longo deste livro temos insistido no entendimento de que o estudo da gramática na língua em uso, isto é, na construção de peças significativas de linguagem, tem, na base, a assunção de que os itens linguísticos e as construções gramaticais resistem a categorizações rígidas e estanques. Na prática isso significa que há zonas de contato e de sobreposição entre as noções de categorias gramaticais. Consulte as obras gramaticais elencadas na "Bibliografia comentada", particularmente, *A gramática do português revelada em textos*, para uma descrição da inter-relação semântica entre, de um lado, as construções coordenadas "aditivas", as "alternativas" e as "adversativas", e, de outro lado, as construções adverbiais causais, as condicionais e as concessivas, respectivamente.

Atividade 4 – O funcionamento de orações "paratáticas", "hipotáticas" e "encaixadas"

Neste capítulo, introduzimos uma distinção muito significativa quanto à natureza daquilo que tradicionalmente temos chamado de "subordinação". Por um lado, temos a **subordinação** que se resolve na **hipotaxe**, que implica uma "dominação" entre os termos conjungidos, e, por outro, temos a **subordinação** que se resolve no **encaixamento**, que implica a continência estrutural de uma oração em outra, como parte de sua estrutura argumental. Como indicamos na seção "A (con)junção textual e a organização 'tática' do enunciado", as construções do primeiro grupo são as tradicionais **orações subordinadas adverbiais** e as **orações subordinadas adjetivas explicativas**, e as construções do segundo grupo são as tradicionalmente chamadas de **orações subordinadas substantivas** e de **orações subordinadas adjetivas restritivas**.

Nesta Atividade, vamos examinar o funcionamento de orações "hipotáticas" e "encaixadas" na construção de uma reportagem sobre a ameaça de extinção dos cactos devido à mudança climática, reportagem publicada na edição eletrônica do jornal *Folha de S.Paulo*, em 14 de abril de 2022. Vejamos um trecho da reportagem.

> **Até os cactos são ameaçados pela mudança climática**
>
> *Aquecimento global pode colocar em risco de extinção 60% das espécies.*
>
> O resistente cacto, que aprecia calor e aridez e é adaptado a terrenos rudes, pode não parecer uma possível vítima da mudança climática. No entanto, mesmo esses sobreviventes espinhosos podem estar perto de atingir seus limites conforme o planeta ficar mais quente e seco nas próximas décadas, de acordo com pesquisa publicada na quinta-feira (14). O estudo avalia que, em meados do século, o aquecimento global poderá colocar 60% das espécies de cactos em maior risco de extinção.
>
> Essa previsão não leva em conta a extração ilegal, a destruição do habitat e outras ameaças causadas pelo homem que já fazem dos cactos um dos grupos de organismos mais ameaçados do mundo.
>
> A maioria das espécies de cactos "está de alguma forma adaptada aos climas e ambientes em que vivem", disse Michiel Pillet, estudante de doutorado em ecologia e biologia evolutiva na Universidade do Arizona, que liderou o novo estudo, publicado na revista *Nature Plants*. "Até mesmo uma pequena mudança pode ser demais para eles se adaptarem em escalas de tempo mais curtas." [...]
>
> Em geral, espera-se que 60% das espécies de cactos sofram declínios de qualquer magnitude, segundo o estudo, e 14% podem sofrer declínios acentuados. Apenas uma espécie, o xique-xique, no Brasil, tende a apresentar um alcance substancialmente maior.
>
> De acordo com o estudo, os lugares onde o maior número de espécies pode se tornar ameaçado são geralmente aqueles com a maior diversidade de espécies hoje, incluindo Flórida, centro do México e grandes áreas do Brasil. Cactos que vivem em árvores parecem se sair especialmente mal, talvez porque suas vidas estejam tão entrelaçadas com as de outras plantas. [...]
>
> Fonte: ZHONG, Raymond. Até os cactos são ameaçados pelas mudanças climáticas. Disponível em: https://www1.folha.uol.com.br/ambiente/2022/04/ate-os-cactos-sao-ameacados-pela-mudanca-climatica.shtml. Acesso em: 17 abr. 2022.

Considerando-se que este texto é uma reportagem que faz divulgação de dados científicos e de pesquisa, é de se esperar que sejam mencionadas as fontes desses estudos e que sejam introduzidas as "vozes" de cientistas envolvidos nessas pesquisas. Essas "vozes", geralmente, podem ser introduzidas por meio de um satélite adverbial, como é o caso em "de acordo com pesquisa publicada na quinta-feira (14)", ou por uma construção encaixada, por meio de **discurso indireto**.

> a. Encontre, no texto, dois casos de discurso indireto e indique a natureza construcional (em termos de parataxe ou hipotaxe) desses enunciados.

Ao longo da reportagem, podemos encontrar alguns casos em que a "voz" de um cientista ou o "conteúdo" do estudo é introduzido por meio de oração encaixada. No entanto, há casos, também, em que essas vozes são introduzidas por meio de **discurso direto**, com recurso às aspas e com uma indicação subsequente do tipo "disse Fulano" ou "explicou Ciclano".

> b. Em casos de discurso direto, não se verifica exatamente encaixamento. Identifique, no texto, os casos de discurso direto e aponte o procedimento juntivo pelo qual são combinadas as orações.

A natureza da estrutura do discurso direto e do discurso indireto não pode ser a mesma justamente porque, no segundo caso, o "conteúdo" do que foi dito está encaixado na própria oração principal, ao passo, que, no primeiro caso, não há qualquer encaixamento, há apenas uma relação "lado a lado" entre os segmentos.

Por aí podemos ver a distinção entre as orações adjetivas restritivas e explicativas, que se configuram sintaticamente por dois processos diferentes, por encaixamento e por hipotaxe, respectivamente. Comparemos duas ocorrências de oração adjetiva encontradas no texto:

- O resistente cacto, que aprecia calor e aridez e é adaptado a terrenos rudes, pode não parecer uma possível vítima da mudança climática.
- Cactos que vivem em árvores parecem se sair especialmente mal, talvez porque suas vidas estejam tão entrelaçadas com as de outras plantas.

Em ambos enunciados, as orações adjetivas sublinhas modificam "cactos" (ou "o resistente cacto", no primeiro caso), introduzindo algum tipo de informação sobre essa espécie, a diferença é que, em um dos casos, há a criação de um subconjunto de cactos.

c. Em qual dos casos há a criação de um subconjunto de cactos a partir da modificação feita pela oração adjetiva? A partir daí, e com base no que esses enunciados constroem no texto, como você explicaria a distinção entre uma oração adjetiva restritiva e uma explicativa?

> **Sugestão para ir além desta atividade:** ao longo desta atividade nos restringimos a um exame muito superficial dos modos de introdução de discurso no texto – o que chamamos de "discurso direto" e de "discurso indireto". Como tudo em linguagem, a questão não se resolve tão facilmente, especialmente se passamos a examinar a natureza semântica dos verbos introdutores de discurso nos textos e, indo ainda mais longe, se passamos a considerar o **discurso indireto livre**, no qual se verifica uma mistura de estratégias do discurso direto e indireto. Na literatura brasileira, Clarice Lispector é considerada um dos exemplos ilustres de manipulação do discurso indireto livre. Sugerimos que você leia a obra *Água viva*, de Clarice, e comece pelo mapeamento das instâncias de discurso indireto livre para, a partir desse mapeamento, verificar as estratégias gramaticais que constroem esses enunciados.

Parte 2 – Sugestões de atividades para aplicação na educação básica

Contextualização da proposta: as atividades que se apresentam a seguir configuram uma proposta geral de trabalho com as tradicionais conjunções subordinativas adverbiais. Essas atividades se adequam melhor aos contextos dos anos finais do ensino fundamental e do último ano do ensino médio, porque são as etapas em que geralmente se costuma trabalhar com o tema das orações adverbiais.

O objetivo geral dessas atividades é fazer os estudantes perceber que as chamadas "conjunções adverbiais" podem construir diversos significados nos enunciados e podem ser usados para obter diversos efeitos comunicativos.

Atividade 1 – As conjunções e locuções conjuntivas subordinativas adverbiais na construção de significado dos enunciados

As lições em gramáticas escolares sobre o tema das orações subordinadas adverbiais geralmente ignoram o papel que as conjunções desempenham nos enunciados. Esses itens gramaticais geralmente são apresentados por meio de listas ou quadros e o que se espera de estudantes é que eles simplesmente decorem os rótulos que esses itens recebem. Por exemplo, *quando* é conjunção temporal, *se* é conjunção condicional, e assim por diante.

Nas atividades que se seguem vamos direcionar a atenção ao papel que as chamadas conjunções subordinativas adverbiais desempenham na construção do significado dos enunciados e dos textos. Para isso, vamos examinar um conjunto de textos curtos. Na tônica do que se tem trabalhado ao longo deste livro, a grande lição que se busca desenvolver é que é necessário olhar para o texto e considerar os significados e efeitos construídos pelas peças linguísticas. No que diz respeito a orações adverbais e a conjunções subordinativas adverbiais, é necessário o exame do todo do enunciado, isto é, é necessário o exame das correlações modo-temporais e do aspecto verbal (capítulo "A proposta geral, as bases teóricas, o objeto de estudo, os temas e seu tratamento, os objetivos"), a correferencialidade dos participantes (capítulo "O processo de predicar em linguagem").

Comecemos observando a conjunção adverbial temporal *quando* nos dois textos que seguem, o primeiro, o trecho inicial de um poema de Millôr Fernandes, o segundo, um trecho do romance *O inventário das coisas ausentes*, de Carola Saavedra.

Texto 1

Integração

Outra noite eu lia
Um tratado de filosofia
Quando ouvi um ruído que me pareceu inconsciente
Reflexo orgânico criado pela mente. [...]

Fonte: FERNANDES, M. *Essa cara não me é estranha e outros poemas*. São Paulo: Companhia das Letras, 2014, p. 84.

> **Texto 2**
>
> Nina lançava-lhe um olhar apreensivo, o que seria deles, da casa, do cachorro, e até mesmo das enciclopédias Mirador <u>quando</u> o universo se extinguisse. Bom, quando isso acontecer, a humanidade já terá desaparecido da face da Terra há bilhões de anos.
>
> Fonte: SAAVEDRA, Carola. *O inventário das coisas ausentes*. São Paulo: Companhia das Letras, 2014, p. 6.

As orações com conjunção temporal, em geral, expressam o tempo do evento, isto é, o mesmo tempo verbal da predicação da oração principal. A relação temporal entre os dois eventos (o da oração principal e o da oração temporal) podem envolver **simultaneidade**, quando há algum tipo de sobreposição e concomitância na ocorrência dos eventos descritos nas orações, ou **não simultaneidade**, quando um dos eventos ou precede ou sucede outro.

1. No caso das duas orações temporais com a conjunção *quando*, nos Textos 1 e 2, qual delas licencia a interpretação de simultaneidade e de não simultaneidade? Explique sua resposta com base nas correlações modo-temporais e aspectuais dos verbos das orações principais e das orações temporais.

A conjunção temporal *quando* é uma palavra de valor semântico bastante neutro, que, em princípio, é de uma indicação circunstancial de tempo bastante geral. Como vimos nos textos anteriores, ela pode expressar tanto simultaneidade quanto não simultaneidade temporal entre o evento da oração principal e o da oração temporal. Se compararmos *quando* com as locuções conjuntivas *logo que* e *assim que*, também temporais, vemos que essas duas últimas são circunstancialmente mais especificadas, devido às bases *logo* e *assim*. Orações temporais marcadas por essas conjunções sempre indicam que o evento dessa oração é imediatamente posterior ao evento da oração principal.

Nessa direção, considerem-se as ocorrências a seguir, com locuções conjuntivas temporais destacadas.

(1) Cícero – Pois, então, que Deus abençoe vocês. E vamos rezar, porque, pelo que vi, o tiroteio começa **assim que** o Sol se esconder! (AC-D)
(2) Retirante – Isso passa. **Logo que** cheguei, também me senti assim. (SP-D)
(3) Regina – [...] Foi seu pai que o construiu, peça por peça. Sua mãe armou-o, **enquanto** você trabalhava. (HB-D)
(4) Cego – Deixe-me só com ele um instante, **depois que** ele chegar! (HB-D)

> 2. Explique a interpretação temporal das duas orações quanto à simultaneidade e à não simultaneidade dos eventos, em relação à oração principal, já considerando a diferença entre a forma da conjunção "enquanto" e as das locuções conjuntivas "logo que", "assim que" e "depois que".

Orações temporais com uma conjunção mais genérica, como *quando*, podem licenciar inferências, de natureza lógico-semântica, quanto à relação entre o evento da oração principal e o da oração subordinada. Uma das inferências licenciada é a de condicionalidade, por exemplo, em uma construção como "Quando eu tiver dinheiro comprarei um carro". Ocorre que há todo um conjunto de fatos relacionados a observar: nesses casos, geralmente a oração temporal vem anteposta à oração principal (como ocorre também com as orações condicionais).

No Texto 3, a seguir, temos um trecho do *Sermão da sexagésima*, do Padre Antônio Vieira. Passemos à leitura do trecho, já prestando atenção ao uso da conjunção temporal "quando".

Texto 3

[...]
Basta que havemos de trazer as palavras de Deus a que digam o que nós queremos, e não havemos de querer dizer o que elas dizem! E então ver cabecear o auditório a estas cousas, quando devíamos de dar com a cabeça pelas paredes de as ouvir!
[...]

Fonte: VIEIRA, Antônio. Sermão da sexagésima. In: BOSI, Alfredo (org.) *Essencial Padre Antônio Vieira*. São Paulo: Penguin Companhia/Companhia das Letras, 2011, p. 144.

> 3. Especifique a natureza semântica da inferência licenciada pela oração temporal. Que marcas linguísticas você aponta como contribuindo para essa interpretação?

Glossário

Nesta parte, apresentamos a acepção de termos destacados com o sinal * empregados ao longo deste livro, bem como de termos relacionados a eles.

Agente: **Papel semântico** que diz respeito ao **participante** que desencadeia e controla uma ação. Pode ser expresso, em geral, por um **sintagma (pro)nominal** em posição sintática de sujeito, como em *Floripes correu aflita ao avistar o patrão* (MP-R), ou por um **sintagma preposicionado** em posição sintática de oblíquo, como é o caso do agente da passiva em *O contrato foi assinado por Paulo Azeredo* (ETR-R).

Afetado: **Papel semântico** que diz respeito ao **participante** que sofre alguma mudança de estado como resultado de um evento, também chamado de **paciente**. Pode ser realizado, em geral, por um **sintagma (pro)nominal** em posição sintática de sujeito, como em *Quando o capim pega fogo, queima a mata toda* (AF-R), em posição de objeto, como em *Pepão queimou tudo logo* (JT-R).

Anáfora: Referenciação a algo já referido anteriormente, tanto dentro de um complexo oracional quanto em um texto. Por exemplo, em *Seria injusto, entretanto, atribuir <u>todos os defeitos da fabricação de queijos</u> ao queijeiro; <u>eles</u> apenas se manifestam no queijo* (ACQ-T), o pronome pessoal *eles* faz referência anafórica ao sintagma nominal *todos os defeitos da fabricação de queijos*.

Anafórico: Diz-se de uma expressão linguística que faz **anáfora**.

Argumento: **Participante** da predicação, ao qual são atribuídos, a partir de sua relação com o predicado (verbo), um papel semântico e um sintático. Por exemplo, em *E <u>ele</u> comprou <u>seu primeiro carro</u>* (AF-R), são argumentos de *comprar* os termos *ele* e *seu primeiro carro*.

Ato de fala: Um ato de linguagem que um falante realiza ao produzir um enunciado. Do ponto de vista da sua manifestação gramatical, os atos de fala relacionam-se aos tipos básicos de sentenças, como a declarativa, a interrogativa, a imperativa e a exclamativa. Por exemplo, em um enunciado como *Feche a janela* (MRP-R), o falante realiza um pedido que é expresso por meio de uma sentença imperativa. No entanto, não há necessariamente biunivocidade entre o ato de fala realizado por um enunciado e o tipo de sentença que o constrói; por exemplo, um falante pode formular um enunciado declarativo como *Está frio*, que se configura como um pedido para que seu interlocutor feche a janela. Nesse caso, a mera constatação (declaração) de que está frio pode ser suficiente para o interlocutor fechar a janela.

Catáfora:	Referenciação a algo que estará referido na subsequência oracional ou textual. Por exemplo, em *Ele queria isto: reconstruir* (M-R), o pronome demonstrativo *isto* faz referência catafórica a *reconstruir*.
Catafórico:	Diz-se de uma expressão linguística que faz **catáfora**.
Causativo:	**Papel semântico** que diz respeito ao participante que provoca um efeito ou é responsável pelo estado de coisas resultante de um evento. Pode ser realizado, em geral, por um **sintagma (pro)nominal** em posição sintática de sujeito, como em *O vento quebrou galho do jenipapeiro* (COB-R), ou por um **sintagma nominal** preposicionado em posição sintática de oblíquo, como é o caso do agente da passiva em *Paizinho teve a atenção despertada pelo grito do Tonhão* (ED-R).
Comentário:	Aquilo que se diz sobre um **tema**. Em *A medida do Banco Central chegou atrasada* (FSP), a expressão "chegou atrasada" é o que se diz a respeito do tema "A medida do Banco Central". Em geral, mas nem sempre, o **comentário** corresponde à estrutura sintática do predicado oracional; por isso não se pode confundir a noção de **comentário** (pragmática) com a noção de **predicado** (sintática).
Dêixis:	Categoria que se relaciona à enunciação, particularmente aos participantes (dêixis de pessoa), ao momento (dêixis de tempo) e ao lugar (dêixis de espaço).
Dêitico:	De ou relativo a dêixis.

Distribuição sintática: Método para determinar os contextos sintáticos em que uma determinada expressão linguística pode ocorrer em uma oração. Por exemplo, em português, dentro de um sintagma nominal, um modificador adjetivo do núcleo substantivo, em geral, ocorre à direita do núcleo, mas pode, em alguns casos, ocorrer à esquerda do núcleo substantivo, havendo significados particulares construídos pela ocorrência do adjetivo em cada uma dessas posições. Determinar a distribuição sintática das expressões linguísticas na sentença implica, assim, não só determinar as possibilidades e restrições de ocorrência das expressões, mas também atentar aos efeitos significativos construídos por essas expressões.

Distribucional: Diz-se das relações de distribuição de um item linguístico dentro de um enunciado.

Enunciado: Em um sentido bastante restrito para o estudo da gramática, é peça de linguagem que se configura como uma instância particular de uso de língua, produzida por um falante para ser recebida por um interlocutor em uma determinada circunstância.

Enunciar (ato de): Ato de produção discursivo-textual entre interlocutores em situação sociointeracional.

Estrutura argumental: Uma propriedade de predicados que acionam um número de **argumentos** para que o predicado fique completo. A estrutura argumental é determinada semanticamente: por exemplo, o verbo *quebrar* pode acionar uma estrutura com dois argumentos, como em *O homem, furioso, quebrou três pedaços de giz* (CNT-R), construindo uma predicação de ação-processo, ou uma estrutura com um argumento, como em *Pois o banco quebrou no dia seguinte* (BAL-R), construindo uma predicação processual.

Frase: Unidade linguística (**enunciado**) que se produz na interação, com um propósito comunicativo definido.

Fórico: Diz-se do termo que estabelece alguma relação semântica referencial com as entidades do discurso ou a situação discursiva.

Função (da/na linguagem): Diz respeito ao funcionamento discursivo-textual da linguagem nas diversas atividades das quais a linguagem é parte constitutiva. Pode-se falar de duas macrofunções da linguagem: (i) construção simbólica da experiência e (ii) comunicação da experiência na interação. No funcionalismo linguístico é relevante particularmente a proposta sistêmico-funcional de Michael Halliday, a qual equaciona três (meta)funções da linguagem: (i) metafunção ideacional, ou a construção da experiência; (ii) metafunção interpessoal, ou a construção das relações entre interlocutores; (iii) metafunção textual, ou a organização dos textos.

Hipotaxe:	Tipo de interdependência lógica. Relação de interdependência, marcada pela dominância, na qual os elementos interdependentes são de estatutos diferentes.
Léxico:	Conjunto de unidades linguísticas significativas que constituem o estoque de uma língua de uma comunidade.
Língua natural:	Parte integrante da competência comunicativa de um indivíduo. Manifestações particulares (português, japonês, chinês, árabe etc.) da faculdade da linguagem humana.
Objeto de discurso:	Entidade referida em um discurso (**referente**).
Oração:	Unidade de natureza sintática que se organiza a partir de um **predicado** verbal.
Papel semântico:	Generalização semântica que se faz sobre o papel de um participante em uma estrutura de evento.
Paradigma:	Esquema organizacional no qual fica implicado o contraste entre membros de um conjunto, por onde se pode ver o funcionamento de classes e categorias.
Paradigmático:	De ou relativo a paradigma.
Parataxe:	Tipo de interdependência lógica. Relação de interdependência na qual os elementos interdependentes têm o mesmo estatuto.

Glossário

Participante:	Entidade ou coisa que participa de um evento, em geral expressa por meio de um **sintagma (pro)nominal**. Por exemplo, em uma oração como <u>Mattos</u> deu a <u>Alice</u> <u>duas chaves</u> (AGO-R), há três participantes do evento descrito pelo verbo *dar*, são eles: *Mattos, Alice* e *duas chaves*.
Pragmática:	Componente da gramática responsável pela obtenção de efeitos comunicativos na produção discursivo-textual.
Predicação:	Procedimento básico de constituição do enunciado em que se relacionam sintática e semanticamente um núcleo verbal e seus **participantes**.
Predicado:	Núcleo de uma **predicação**.
Referenciação:	Procedimento básico de constituição do enunciado em que uma expressão nominal faz referência (aponta) para uma entidade (**referência pessoal**) ou para a própria situação discursiva (**referência situacional**).
Referente (1):	Elemento que corresponde a uma referência. Por exemplo, o nome próprio *Elis Regina* faz referência à icônica cantora brasileira que faleceu em 1982.
Referente (2):	Entidade referida no discurso (**objeto de discurso**).
Semântica:	Um dos componentes da **gramática** responsável pela construção dos significados.

Sintagma: Unidade sintática interior à oração e dela constitutiva. É formada pela combinação (em copresença) de um núcleo e seus termos periféricos, como adjuntos e complementos.

Sintagma adjetivo: Sintagma cujo núcleo é um adjetivo, como em *Tudo está tão <u>caro</u>* (ATR-R).

Sintagma adverbial: Sintagma cujo núcleo é um advérbio, como em *<u>Infelizmente</u>, a parte contrária tem todos os elementos a seu favor* (FP-R).

Sintagma nominal: Sintagma cujo núcleo é um substantivo, como em *<u>Uma vitrola</u> entrara a tocar <u>uma valsa lenta</u>* (LA-R).

Sintagma preposicional: Sintagma cujo núcleo é uma preposição, geralmente constituído internamente de um outro sintagma, como em *[Sérgio] abrira seus olhos <u>para a triste realidade</u>* (A-R).

Sintagma pronominal: Sintagma cujo núcleo é um pronome, como em *<u>Ele</u> é incapaz de compreender a ideia metafísica* (PE-T).

Sintaxe: Um dos componentes da **gramática** responsável pelos arranjos construcionais das peças linguísticas. Pode-se falar de uma sintaxe de **colocação**, que diz respeito à ordem em que os termos aparecem na oração; de uma sintaxe de **regência**, que diz respeito às dependências que se estabelecem entre as partes de uma oração; e de uma sintaxe de **concordância**, que diz respeito à harmonia entre as partes de uma oração.

Sistema: Categoria teórica que diz respeito à organização paradigmática da linguagem – sistema gramatical, sistema de regras etc.

Tema: Categoria pragmática que diz respeito àquilo de que se fala em um enunciado. O tema oracional, em geral, é o termo a partir do qual o enunciado é formulado, constituindo-se como um ponto de apoio para o **comentário**. Por exemplo, em *Os jornais anunciavam a chegada de luxuoso carro* (ANA-R), o tema é *os jornais*. Em geral, o tema oracional corresponde ao sujeito oracional, no entanto não se pode confundir essa noção, que é sintática, com aquela, que é pragmática, pois pode acontecer de não haver coincidência entre tema e sujeito.

Bibliografia comentada

Esta seção traz a indicação de 15 obras importantes para o estudo da gramática (do português brasileiro) e para o estudo de teoria linguística e gramatical. As obras são tanto de natureza teórica quanto de natureza prática, do ponto de vista das interfaces que elas estabelecem com o ensino escolar. A apresentação das obras se divide em duas seções: **I. Gramáticas e dicionários**, que traz indicações de obras descritivas de referências do português brasileiro; e **II. Obras teóricas e referências de consulta geral**, que traz indicações de obras que tratam de temas particulares desenvolvidos ao longo dos capítulos deste livro.

I. Gramáticas e dicionários

AZEREDO, J. C. *Gramática Houaiss da língua portuguesa*. São Paulo: Parábola, 2021.
> Essa gramática documenta os usos do português brasileiro escrito entre a segunda metade do século XIX até os dias atuais. Pode-se dizer que a gramática de Azeredo é funcional, porque a explicação oferecida para os dados documentados parte do que o autor chama de papel tríplice da linguagem: a construção simbólica da experiência, a codificação da experiência em textos e a atuação interpessoal. A obra oferece também um rico conteúdo teórico que subsidia as descrições e documentação gramatical.

BORBA, F. S. (coord.) *Dicionário gramatical de verbos do português contemporâneo do Brasil*. São Paulo: Editora Unesp, 1990.

Seguramente, esse é um dos dicionários mais importantes já produzidos para a gramática do português brasileiro. O dicionário traz registro de aproximadamente 6.000 verbos do português brasileiro, oferecendo uma descrição quase exaustiva das propriedades semânticas e gramaticais desses verbos com base em dados reais do uso da língua. O ponto de partida para as descrições semântico-gramaticais dos verbos do português brasileiro são as classes semânticas de Wallace Chafe, discutidas no capítulo "O processo de predicar em linguagem" deste livro.

BORBA, F. S. (coord.) *Dicionário Unesp do português contemporâneo*. São Paulo: Editora Unesp, 2004.

A obra se oferece a qualquer pessoa que se sirva da língua portuguesa em algum momento da sua vida social, especialmente a consulentes escolares, professores e alunos, de qualquer nível de ensino. O dicionário é construído com base no *corpus* do Laboratório de Lexicografia (vejam-se as "Obras do *corpus*"), da Unesp/Araraquara, que, na época, era formado de 200 milhões de ocorrências de palavras em textos escritos de diversos gêneros.

CASTILHO, A. T. (coord.) *Gramática do português culto falado no Brasil*. 7 volumes. São Paulo: Contexto, 2013-2019.

Os sete volumes da coleção reúnem trabalhos desenvolvidos por grandes linguistas no âmbito do Projeto *Gramática do Português Falado*, coordenado pelo professor Ataliba Teixeira de Castilho (Unicamp/USP), ao longo de quase trinta anos. O conjunto da obra oferece uma descrição compreensiva da gramática do português culto falado no Brasil, trazendo uma visão ampla e ao mesmo tempo profunda do sistema que regra as formulações do texto falado. Os volumes tratam dos seguintes temas: A construção do texto falado (vol. 1); A construção da sentença (vol. 2); Palavras de classe aberta (vol. 3); Palavras de classe fechada (vol. 4); A construção das orações complexas (vol. 5); A construção morfológica da palavra (vol. 6); A construção fonológica da palavra (vol. 7).

NEVES, M. H. M. *A gramática do português revelada em textos*. São Paulo: Editora Unesp, 2018.

Essa obra traz lições de gramática pelo texto, com a finalidade de conduzir uma reflexão consciente e bem balizada sobre o uso linguístico. Como fica registrado na sua "Introdução", o ponto de partida da obra é o entendimento de que a visão da gramática da língua não se pode configurar fora do uso efetivo da língua. Muito significativamente, cada lição se abre com um texto que serve de "mote" para a introdução e operacionalização de noções gerais. A obra, afinal, oferece uma descrição compreensiva dos usos do português brasileiro, mostrando a gramática efetivamente construindo textos.

NEVES, M. H. M. *Gramática de usos do português*. 2ª ed. São Paulo: Editora Unesp, 2011 [2000].

É uma gramática de referência que mostra "como está sendo usada a língua portuguesa atualmente no Brasil" (p. 13). É a primeira obra gramatical monoautoral escrita por uma mulher em território brasileiro, um verdadeiro marco dos estudos linguísticos e gramaticais da língua portuguesa, em geral. Como proposta geral, a gramática organiza as tradicionais classes de palavras distribuídas em quatro partes, segundo as funções que elas desempenham na construção dos enunciados: na "Parte 1 – A formação básica das predicações: o predicado, os argumentos e os satélites", estão abrigados o verbo, o substantivo, o adjetivo, o advérbio, as conjunções integrantes (bem como as orações substantivas) e os pronomes relativos (com as orações adjetivas); na "Parte 2 – A referenciação situacional e textual: as palavras fóricas", estão abrigados o artigo definido, o pronome pessoal, o pronome possessivo e o pronome demonstrativo; na "Parte 3 – A quantificação e a indefinição", estão abrigados o artigo indefinido, os pronomes indefinidos e os numerais; na "Parte 4 – A junção", estão abrigadas as preposições, as conjunções coordenativas e as conjunções subordinativas.

NEVES, M. H. M. *Guia de usos do português*. 2ª ed. São Paulo: Editora Unesp, 2012 [2003].

A obra destina-se a qualquer pessoa, especialista ou leiga, que sente dificuldade ou tem alguma dúvida de linguagem quando produz seus enunciados. Ela pretende documentar como vem sendo usada, pelos falantes, a língua portuguesa. Os usos documentados se confrontam com prescrições normativas que comumente se encontram em manuais gerais de gramática. O confronto entre norma e uso se pauta pelos dois lados da questão: o modo como os manuais dizem que "deve (ou não) ser" e o modo como realmente "é". Deve-se destacar que a "Introdução" da obra oferece uma profunda reflexão sobre a tensão entre "norma" e "uso", sobre variação e variedade de usos.

II. Obras teóricas e referências de consulta geral

ADAM, J. M. *Textos*: tipos e protótipos. Coord. de trad. Monica Magalhães Cavalcante. São Paulo: Contexto, 2018.

Fundamentado em princípios da Linguística Textual e aproveitando reflexões de Linguística funcional, cognitiva e da análise do discurso, o livro oferece uma apresentação dos tipos textuais narrativo, descritivo, dissertativo, dialogal e injuntivo a partir das estruturas gramaticais que os configuram. Para quem estuda gramática no texto, a obra é um recurso indispensável, já que todos os textos que produzimos configuram-se a partir desses tipos.

CROFT, W. *Morphosyntax:* The Construction of the World's Languages. Cambridge, UK: Cambridge University Press, 2022.

Este livro traz uma proposta inovadora de teoria funcional-cognitivista de descrição gramatical, com minuciosa documentação de fatos gramaticais de inúmeras línguas do mundo. O livro pode interessar por sua profundidade teórica e metodológica para trabalho com dados de uso real das línguas naturais. Essa obra é excelente para alunos não iniciantes que desejam entender mais sobre morfossintaxe na interface com a semântica e a pragmática.

FARACO, C. A. *Norma culta brasileira*: desatando alguns nós. São Paulo: Parábola, 2008.

Dos temas que se ligam diretamente à questão da gramática, os temas da norma e da normatividade estão no centro da relação entre linguagem e sociedade, entre desempenho linguístico e percepção de competência linguística. Nesse livro, o autor examina o uso de termos como "norma", "norma culta", "norma padrão" no contexto acadêmico e no contexto social. Ele chega às implicações do estabelecimento de uma norma linguística para a constituição da identidade linguística de uma comunidade e para o ensino de gramática e de língua portuguesa na escola.

HALLIDAY, M. A. K.; HASAN, R. *Cohesion in English*. London: Longman, 1976.

Apesar de ter sido publicado há mais de quarenta anos, este livro continua sendo uma referência básica para o estudo da organização semântica dos textos, bem como da gramática acionada na produção de sentidos no texto. Os autores partem da noção de que "texto" é uma unidade semântica, construída pelos recursos lexicais e gramaticais da língua. Eles examinam os processos coesivos de referência, substituição, elipse, conjunção, bem como a coesão lexical.

MATTOS E SILVA, R. V. *Contradições no ensino de português*. 7ª ed. São Paulo: Contexto, 2011 [1995].

O livro oferece uma visão histórica, política e social sobre o ensino de língua portuguesa nas escolas, considerando não só o estabelecimento histórico de uma norma padrão para o português, mas também a heterogeneidade dialetal do português brasileiro.

MATTOS E SILVA, R. V. *Tradição gramatical e gramática tradicional*. 4ª ed. São Paulo: Contexto, 2000 [1989].

O livro traz uma apresentação sucinta e bastante segura sobre a história da disciplina gramatical entre os gregos, traçando o seu desenvolvimento na Idade Média até a tradição gramatical de língua portuguesa. A autora sustenta a ideia de que até os tempos atuais a "gramática tradicional" insiste na documentação de uma linguagem "burguesa". A obra se encerra com um panorama geral a respeito de que se trata a argumentação sintática na gramática tradicional.

NEVES, M. H. M. *Que gramática estudar na escola?* Norma e uso na língua portuguesa. 4ª ed. São Paulo: Contexto, 2019 [2003].

A proposta geral da obra vai na direção da defesa de que o tratamento escolar das atividades linguísticas, especialmente das atividades ligadas à gramática, seja conduzido cientificamente. E por aí se mostra que, por essa condução, as atividades não podem se restringir à taxonomização das unidades linguísticas nem à imposição de uma norma descolada o uso da linguagem.

NEVES, M. H. M.; CONEGLIAN, A. V. L. Dez obras para conhecer gramática. In: CARVALHO, D.; LAZZARI, J. P. C. (orgs.) *GuiaLET*: Guia de Leituras do Instituto de Letras da Universidade Federal da Bahia. Salvador: UFBA, 2023.

Este texto aparece em uma obra que pretende documentar bibliografia relevante sobre temas diversos que compõem o universo das Letras. Neste texto, os autores escolhem dez obras de e sobre gramática para mostrar que a gramática pode ser vista teórica e descritivamente como sendo uma entidade que faz parte da própria linguagem. O texto se inicia com uma excursão pela história da disciplina gramatical entre os gregos e o seu desenvolvimento na tradição de língua portuguesa, chega a obras gramaticais modernas e da tradição, passando por textos teóricos que buscaram refletir sobre a entidade "gramática".

Obras do corpus

O *Corpus* do Laboratório de Lexicografia da Unesp/Araraquara é um *corpus* de referência do português, com mais de 200 milhões de palavras e com textos de todas as sincronias do português brasileiro. Esse *corpus* serviu de base para a produção de inúmeros dicionários e gramáticas. Para mais informações sobre o *corpus*, sugere-se a leitura de Borba (2003).

A seguir traz-se a lista das obras que compõem o *corpus* e que foram citadas ao longo deste livro. As siglas correspondem ao tipo de texto: Cr – crônica; D – texto dramático; P – propaganda; R – texto romanesco; T – texto técnico; Tr – texto traduzido.

A-R	*Ângela ou as areias do mundo*. FARIA, O. Rio de Janeiro: José Olympio, 1963.
AC-D	*Auto da compadecida*. SUASSUNA, A. Rio de Janeiro: Nova Fronteira, 2018.
ACA-R	*A carne*. RIBEIRO, J. São Paulo: Martin Claret, 1999.
ACM-R	*Aqueles cães malditos de Arquelau*. PESSOTI, I. São Paulo: Editora 34, 1993.

ACQ-T *A arte e a ciência do queijo.* FURTADO, M. M. Rio de Janeiro: Globo, 1990.

ACT-R *Acontecências.* IGNÁCIO, S. E. Franca: Ribeirão Gráfica, 1997.

AF-R *A festa.* ANGELO, I. Santos: Vertente, 1978.

AGO-R *Agosto.* FONSECA, R. São Paulo: Companhia das Letras, 1990.

AM-R *Ajudante de mentiroso.* JARDIM, L. Rio de Janeiro: José Olympio, 1980.

ANA-R *Anarquistas graças a Deus.* GATTAI, Z. Rio de Janeiro: Record, 1979.

ATR-R *A transamazônica.* MOTT, O. B. São Paulo: Atual, 1986.

BAL-R *Balão cativo.* NAVA, P. Juiz de Fora: Sabiá, 1973.

BH-R *Balbino, o homem do mar.* LESSA, O. Rio de Janeiro: José Olympio, 1978.

CBC-R *O conto brasileiro contemporâneo.* BOSI, A. (org.) São Paulo: Cultrix, 1996.

CEN-R *Cenas da vida minúscula.* SCLIAR, M. Porto Alegre: LP&M, 1991.

CHI-R *Chão de infância.* DANTAS, P. São Paulo: Cia. Nacional, 1953.

CNT-R *Contos da repressão.* LUCAS, F. São Paulo: Record, 1987.

COB-R *Corpo de baile.* ROSA, J. G. Rio de Janeiro: José Olympio, 1956.

CRE-R *O crepúsculo do macho.* GABEIRA, F. Rio de Janeiro: Codecri, 1980.

DEL-D *Desligue o projetor e espie pelo olho mágico.* In: HAVE, H. *Revista de teatro,* Rio de Janeiro, 463, 1987.

ED-R *Emissários do diabo.* LEMOS, G. Recife: CEPE Editora, 1968.

EL-D *Um elefante no caos.* FERNANDES, M. Porto Alegre: L&PM Editores, 1979.

EST-R *Estorvo.* BUARQUE, C. São Paulo: Companhia das Letras, 1991.

ETR-R *Estrela solitária.* CASTRO, R. São Paulo: Companhia das Letras, 1990.

F-D *O fardão.* PEDROSO, B. Rio de Janeiro: Saga, 1967.

FAV-R *Feliz ano velho.* PAIVA, M. R. Rio de Janeiro: Nova Fronteira, 1983.

FP-R *O fiel e a pedra.* LINS, O. Rio de Janeiro: Civilização Brasileira, 1961.

FSP *Folha de S. Paulo,* 1994-1997.

GTT-Cr *Um gato na terra do tamborim.* DIAFÉRIA, L. São Paulo: Símbolo, 1977.

HB-D *Os homens de barro.* SUASSUNA, A. Rio de Janeiro: Nova Fronteira, 2018.

INC-R *Incidente em antares.* VERSÍSSIMO, E. Porto Alegre: Globo, 1974.

JT-R *João Ternura.* MACHADO, A. Rio de Janeiro: José Olympio, 1984.

LA-R *Labirinto de espelho.* MONTELLO, J. Rio de Janeiro: Nova Fronteira, 1952.

LAZ-T *O que é lazer.* CAMARGO, O. L. São Paulo: Brasiliense, 1986.

M-R *A maçã no escuro.* LISPECTOR, C. Rio de Janeiro: Nova Fronteira, 1982.

MCA-Tr *Maravilhas do conto alemão.* WASHINGTON, T. B. São Paulo: Cultrix, 1959.

ML-R *Memórias de Lázaro.* FILHO, A. Rio de Janeiro: Civilização Brasileira, 1974.

MMM-R *Memorial de Maria Moura.* QUEIROZ, R. São Paulo: Siciliano, 1992.

MP-R *A morte da porta-estandarte.* MACHADO, A. Rio de Janeiro: José Olympio, 1959.

MRP-R *Na margem do rio Piedra eu sentei e chorei.* COELHO, P. São Paulo: Rocco, 1994.

PE-T *Práticas escolares.* D'ÁVILA, A. São Paulo: Saraiva, 1954, 3 v.

PFI-P *Pais e filhos.* Propaganda, 1989.

PRC-D *O primo da Califórnia.* MACEDO, J. M. Rio de Janeiro: Serviço Nacional de Teatro, 1979.

PRE-R *O presidente.* VEIGA, V. São Paulo: Clube do Livro, 1959.

RBS-T *Revista Brasileira de Ciências Sociais*, v. 13, n. 38, 1998.

SP-D *O santo e a porca.* SUASSUNA, A. Rio de Janeiro: Nova Fronteira, 2018.

SPI-D *Spiros Stragos.* JOCKYMAN, S. Rio de Janeiro: Serviço Nacional de Teatro, 1980.

TER-R *Terra encharcada.* PASSARINHO, J. São Paulo: Clube do Livro, 1968.

VDM-R *Veronika decide morrer.* COELHO, P. Rio de Janeiro: Rocco, 1998.

Os autores

Maria Helena de Moura Neves doutorou-se em Letras Clássicas (Grego) pela Universidade de São Paulo e era livre-docente (Língua Portuguesa) e professora emérita pela Universidade Estadual Paulista. Foi pesquisadora do CNPq e docente da Universidade Presbiteriana Mackenzie e da Unesp e desenvolvia trabalhos sobre gramática de usos do português, texto e gramática, história da gramática, descrição da língua portuguesa e funcionalismo. Pela Editora Contexto publicou como autora *Ensino de língua e vivência de linguagem*, *Gramática na escola*, *Que gramática estudar na escola?*, *Texto e gramática* e *Gramática funcional: interação, discurso e texto*; como organizadora, *Gramática do português culto falado no Brasil vol. V*; e, como coautora, os livros *Gramática do português culto falado no Brasil vol. III e IV*.

André V. Lopes Coneglian é professor da Faculdade de Letras (FALE) da Universidade Federal de Minas Gerais (UFMG), onde coordena o Núcleo de Pesquisas em Semântica e Pragmática (NuPeSP). É licenciado em Letras (Português e Inglês) pela Universidade Estadual de Maringá (UEM). Possui mestrado em Letras pela Universidade Presbiteriana Mackenzie, com período sanduíche na Universidade da Califórnia, Berkeley, e doutorado em Letras pela Universidade Presbiteriana Mackenzie. É coordenador do Comitê de Linguística na Graduação, da Associação Brasileira de Linguística (Abralin).

COMITÊ EDITORIAL DA COLEÇÃO LINGUAGEM NA UNIVERSIDADE

Adail Sebastião Rodrigues-Júnior (UFOP)

Adail Sobral (UFRGS)

Adauto Locatelli Taufer (UFRGS)

Adja Balbino de Amorim Barbieri Durão (UFSC)

Adriana Cristina Sambugaro de Mattos Brahim (UFPR)

Ana Beatriz Barbosa de Souza (UFG)

Ana Dilma Almeida (UniProjeção)

Ana Elisa Ribeiro (CEFET-MG)

Ana Maria Welp (UFRGS)

Ana Suelly Arruda Câmara Cabral (UnB)

Anderson Carnin (Unisinos)

Angela Brambilla Cavenaghi T. Lessa (PUC-SP)

Antonieta Heyden Megale (Unifesp)

Aparecida de Jesus Ferreira (UEPG)

Atilio Butturi (UFSC)

Beth Brait (PUC-SP)

Bruna Quartarolo Vargas (UFPR)

Camila Haus (UFRGS)

Camila Höfling (UFSCr)

Carla Conti de Freitas (UEG)

Carla Reichmann (UFPB)

Carla Viana Coscarelli (UFMG)

Carlos José Lírio (Unifesp)

Cátia Martins (York University)

Christine Almeida (UFES)

Clécio dos Santos Bunzen Jr. (UFPE)

Cleidimar Aparecida Mendonça e Silva (UFG)

Clezio Gonçalves (UFPE)

Cloris Porto Torquato (UFPR)

Cristiane Soares (Harvard University)

Cyntia Bailer (FURB)

Dánie Marcelo de Jesus (UFMT)

Daniela Fávero Netto (UFRGS)

Daniela Vieira (PUC-SP)

Dayane Celestino de Almeida (Unicamp)

Denise Hibarino (UFPR)

Dilys Karen Rees (UFG)

Diógenes Lima (UESB)

Dóris Cristina V. S. Santos (UFPR)

Dorotea Frank Kersch (Unisinos)

Eduardo Diniz de Figueiredo (UFPR)

Elaine Mateus (UEL)

Eliana Merlin Deganutti de Barros (UENP)

Eliane F. Azzari (PUC-Campinas)

Eliane Lousada (USP)

Érica Lima (Unicamp)

Eulalia Leurquin (UFC)

Fabíola Ap. Sartin Dutra Parreira Almeida (Catalão)

Fernanda de Castro Modl (UESB)

Fernanda Ferreira (Bridgewater University, EUA)

Fernanda Liberali (PUC-SP)

Fidel Armando Cañas Chávez (UnB)

Florência Miranda (Universidad Nacional de Rosario/Argentina)

Francisco Fogaça (UFPR)

Gabriel Nascimento (UFSB)

Gabriela Veronelli (Universidad Nacional de San Martin/Argentina)

Gasperim Ramalho de Souza (UFPLA)

Gisele dos S. da Silva (UFPR)

Grassinete C. de Albuquerque Oliveira (UFA)

Gustavo Lima (UFC)

Helenice Joviano Roque-de-Faria (Unemat)

Heliana Mello (UFMG)

Heloisa Albuquerque-Costa (USP)

Helvio Frank de Oliveira (UEG)

Ismara Tasso (UEM)

Ivani Rodrigues Silva (Unicamp)

Jhuliane Silva (UFOP)

João Xavier (CEFET-MG)

José Marcelo Freitas de Luna (Univali)

Junot de Oliveira Maia (UFMG)

Leosmar Aparecido da Silva (UEG)

Letícia J. Storto (UENP)

Lucas Araujo Chagas (UEMS)

Lúcia de Fátima Santos (UFBLA)

Luciani Salcedo de Oliveira (Unipampa)

Mailce Borges Mota (UFSC)

Marcia Veirano Pinto (Unifesp)

Maria Amália Vargas Façanha (UFS)

Maria Carmen Gomes (UnB)

María del Pilar Tobar Acosta (IFB)

Mariana Mastrella-de-Andrade (UnB)

Maximina M. Freire (PUC-SP)

Nanci Araújo Bento (UFBA)

Nara Takaki (UFMS)

Nayibe Rosado (Universiddad del Norte-Barranquila, Colômbia)

Paulo Boa Sorte (UFS)

Paulo Roberto Massaro (USP)

Raquel Bambirra (CEFET-MG)

Reinaldo Ferreira Da Silva (UNEB)

Roberval Teixeira e Silva (Macau University)

Rodrigo Camargo Aragão (UESC)

Rogério Tílio (UFRJ)

Rosana Helena Nunes (Fatec/UnB)

Samuel de Carvalho Lima (IFRN)

Sandra Regina Buttros Gattolin (UFSCar)

Shelton Souza (UFC)

Simone Batista (UFRRJ)

Simone Sarmento (UFRGS)

Socorro Cláudia Tavares (UFPB)

Solange Maria Barros (UFMT)

Soledad Oregoni (Universidad Nacional de Quilmes)

Sueli Salles Fidalgo (Unifesp)

Suellen Thomaz de Aquino Martins (UFSB)

Tamara Angélica Brudna da Rosa (IFFaroupilha)

Tânia Ferreira Rezende (UFG)

Vanessa Ribas Fialho (UFSM)

Vania Cristina Casseb-Galvão (UFG)

Vera Lúcia Lopes Cristovão (UEL)

Viviane Bengezen (UFCAT)

Wilmar D'Angelis (Unicamp)

CADASTRE-SE

EM NOSSO SITE,
FIQUE POR DENTRO DAS NOVIDADES
E APROVEITE OS MELHORES DESCONTOS

LIVROS NAS ÁREAS DE:

História | Língua Portuguesa
Educação | Geografia | Comunicação
Relações Internacionais | Ciências Sociais
Formação de professor | Interesse geral

ou
editoracontexto.com.br/newscontexto

Siga a Contexto
nas Redes Sociais:
@editoracontexto

GRÁFICA PAYM
Tel. [11] 4392-3344
paym@graficapaym.com.br